近代朝鮮語会話書に関する研究

－明治期朝鮮語会話書の特徴と近代日本語の様相－

成玧妸 SUNG YUNA

제이앤씨
Publishing Company

プロローグ

　近代日本語の資料には膨大なものがあり、なお開拓の余地のある資料が多い。日本語史研究の中で、明治期における英語会話書は、すでに多くの先学によって研究が進み、多方面での成果が挙げられてきたのに対して、朝鮮語会話書は、従来近代日本語の資料としてほとんど研究されて来なかったのが実情である。明治期における朝鮮語会話書は日本人により編述されたものが多く、その日本語は口頭語を基調としており、当時の言語を反映しているため、近代語の成立と発展過程を窺うのに恰好の資料である。

　明治期朝鮮語会話書は、資料自体が学界に知られていないもの、十分に調査・研究されていないものが大部分であり、近代日本語の資料としてこれをどのように扱うべきかを明らかにするため、この時期の会話書について書目の整理や諸本の検討などの基本的な作業が推進されなければならない。そこで、本書では、韓国の図書館や日本全国各地の各図書館などで資料調査を行い、明治期朝鮮語会話書の目録を提示し、諸本の概要・構成・表記・学習上のレベル・編纂の目的・部立て・時代の背景による内容の特徴など、多様な観点から明治期朝鮮語会話書の性格を明らかにした。また、そこに記されている日本語の様

相についての把握に努める。それによって明治期における朝鮮語会話書における日本語の実態および性格が明確になり、近代日本語研究の資料としてそれを用いる条件が整うものと考えられる。

　本書は、2008年東京大学大学院人文社会系研究科の博士論文である『近代日本語資料としての朝鮮語会話書―明治期朝鮮語会話書の特徴とその日本語―』から「第三部資料編・明治期における朝鮮会話書の概要と特徴」除いた原稿に修正・加筆を行ったものであり、各章は日本や韓国の機関紙に投稿したものを基にしている。本書は心を込めて指導してくださった月本雅幸先生・鈴木泰先生・坂梨隆三先生の学恩のたまものである。また、この本が世の中に出るように助力を惜しまなかった先・後輩、J&C出版社の尹錫賢社長や編集者金善恩代理にも感謝の辞を述べる。最後に暖かく見守り応援してくれた家族にも心から感謝する。

目　次

序章

研究の目的と概要

1. 研究の目的・意義

　近代日本語の資料には膨大なものがあり、まだ開拓の余地のある資料群が多い。日本語史の中で、明治期における外国語の学習のための単語集・会話書・文典・辞書などは、今日からみると、近代日本語の資料として重要なものとなっている。明治期における英語会話書は、すでに多くの先学によって研究が進み、多方面での成果が挙げられてきたのに対して、朝鮮語会話書は、従来近代日本語の資料としてほとんど研究されてこなかったのが実情である。

　明治期における朝鮮語会話書には日本語に精通した朝鮮人の手によるものも存するが、日本人により日本語で編述されたものが多く、その日本語は口頭語を基調としており、当時の言語を反映しているため、近代語の成立と発展過程を窺うのに恰好の資料である。

　明治期朝鮮語会話書は、従来近代日本語資料としてはあまり利用されてこなかったこともあり、資料自体が学界に知られていないもの、

十分に調査・研究されていないものが大部分であり、近代日本語の資料として、これをどのように扱うべきかを明らかにするため、この時期の会話書について、書目の整理や諸本の検討などの基本的な作業が推進されなければならない。そこで、本論文では、日本全国の各図書館や韓国などで資料調査を行い、新たに発掘した資料を含め、明治期朝鮮語会話書の目録を提示し、諸本の概要・構成・表記・レベル・編纂の目的・部立て・時代の背景による内容の変化など、様々な特徴について考察し、その資料的特徴を明らかにしようとした。

　朝鮮語会話書における日本語には、資料による偏差もあるが、時代による語法などの推移が観察できる資料群であり、多様な分野の語彙が掲出されている。また、表音文字であるハングルによる日本語は当時の音韻を知るための資料としても活用できる。その他、会話書には当時の言語意識・著者・出版地などによる語法や語彙の差異が現れており、当時の日本語の実態が窺える資料として利用することも可能である。さらに、会話書は日本語と朝鮮語の対訳形式をとっているため、朝鮮語対訳を利用することにより、日本語資料のみでは明確にしにくい語彙の意味などを判明する研究に有効である。多く場合、掲出されている漢語には、振り仮名が施されており、現代とは異なる訓や字音、朝鮮語の読みも見られ、両国の漢語の差異を知ることのできる貴重な資料といえる。

　従って、本論文では、多様な観点から明治期朝鮮語会話書諸本の特徴を明らかにし、そこに記されている日本語の様相についての把握に努める。それによって朝鮮語会話書における日本語の実態および性格が明確になり、近代日本語研究の資料としてそれを用いる条件が整う

ものと考えられる。

2. 課題設定と研究方法

2.1. 先行研究の検討

　朝鮮資料は、朝鮮側から日本語を学ぶための資料と日本側から朝鮮
語を学ぶための資料に分けることができ、『捷解新語』『重刊捷解新語』
『捷解新語文釋』『倭語類解』『隣語大方』『伊呂波』は前者にあたり、一方
『全一道人』『交隣須知』『隣語大方』などは後者である。日本側から朝鮮
語を学ぶ資料は、会話書・語彙集・辞書・物語などに分類できる。いま
まで、中世日本語の音韻・語彙・文法資料として『捷解新語』『交隣須知』
『隣語大方』などの朝鮮資料が日本語史の資料として利用されてきては
いるが、朝鮮語資料全体からみれば、ほんの一部のものにすぎず、研
究自体も『捷解新語』や『交隣須知』に偏っており、しかも中世語の研究
に役立てられているのみである。

　朝鮮資料を日本語研究に活用した研究には、①福島邦道(1969)「朝鮮
語学習書による国語史研究」(「国語学」第76集)、②福島邦道(1990)「解題」
(『明治14年版交隣須知　本文及び総索引』)笠間書院、③浜田敦(1968)「解
題」(『異本隣語大方・交隣須知』)京都大学国文学会、④浜田敦(1970)『朝
鮮資料による日本語研究』岩波書店、などがある。

　福島邦道(1969)は、明治期朝鮮語学習書について、「本邦で刊行され
たものではあるが、有力な外国資料である。それは、日本語と韓国語
との比較対応において、多くの有益な手がかりを与えてくれるわけ

で、普通の明治期の資料とは、全く類を異にしている。明治の洋学資料に近いところがあるが、日本語と韓国語との関係を考えると、語法や措辞において近似性が強く、対照的研究には恰好の資料となっている」とし、副詞や助詞「の」の用法について、朝鮮語訳を手掛かりにして論じている。浜田敦(1968)も「日本語の対訳を附していることは、やはりそれらが、手近な、初歩向きの参考書に過ぎないことを示すものと云えるだろう。それに対して、交隣須知の明治16年、37年の両版は、上下二段に、文単位に対照させる形式をとって居り、この方が、朝鮮版隣語人方よりも、より程度の高いものであるとも云えるかも知れない。(中略)その成立の事情はともかく、結果として、この様な対訳形式をとっている朝鮮資料は、日本語の歴史の研究の第一次資料としてだけではなく、むしろ、それぞれの共時論的研究のための、第二次資料として利用するためには、極めて好都合なものであると云うことが出来る」としており、朝鮮語資料によって日本語研究の幅を広げることが可能であることを示唆している。

　また、朝鮮語資料の特徴や対訳などについて述べ、会話書では、語彙・用例文と対訳という形式を取っており、日本語と対応しているので、両者の対照や比較研究に有用であり、対訳の研究を通し、新たな観点からの日本語の実態を把握できると強調し、これらの対訳には語彙、表記、語法の「ゆれ」がみられ、統一した語形をみつけるのが容易でないとしている。伝統や規範、語感を重んじる立場から著わされた会話書もあれば、従来の規範に合わない、新たな語法に則った例文を載せる会話書もあるが、それらの時代による混在の具合は、大勢として一定の方向に向かっていると説いている。

近年における『交隣須知』を日本語資料とした研究には、①福島邦道(1969)『新出の隣語大方および交隣須知について』(「国語国文」第38巻第12号)、②齊藤明美(2002)『「交隣須知」の日本語』至文堂、③高橋敬一・不破浩子・若木太一編(2003)『「交隣須知」本文及び索引』和泉書院、④片茂鎭(2005)『「交隣須知」の基礎的研究』、韓国J&C、などが挙げられる。

　『交隣須知』は近年に入り、注目を浴び始めたものの、江戸時代の写本の研究と系譜関係の究明に比重をおいたものが多く、明治期刊本についての研究はあまりされていなかったのが現状であり、個別の研究も『隣語大方』『交隣須知』といった代表的な朝鮮語会話書に留まっている。しかも、その前提となる、明治期の朝鮮語会話書についての研究は、朝鮮語教育や植民地の政策面からみた目録しか存在せず、日本語研究の資料とするためのものは、皆無といっても過言ではない。

　明治期朝鮮語会話書の書目に関する先行研究には、①櫻井義之(1956)「宝迫繁勝の朝鮮語学書について－附朝鮮語学書目－」(「朝鮮学報」第9輯)、②梶井陟(1978)「朝鮮語学習書の変遷」(「季刊三千里」第16号)、③山田寛人(2004)『植民地朝鮮における朝鮮語奨励政策』不二出版、などがあるが、すべてが朝鮮語教育や書誌的な観点からのものである。

　そのうち、山田寛人(2004)は、朝鮮植民地時代の朝鮮総督府による朝鮮語学習奨励政策の実態を明らかにし、植民地期に多くの日本人が朝鮮語を学んでいたことを強調し、日本人による朝鮮語学習は、個人的動機によるものではなく、朝鮮語奨励政策に呼応するかたちで推移していったと説いている。

　梶井陟(1980)は、朝鮮語学習書、朝鮮語奨励試験、警察官の朝鮮語学習などを分析し、日本人の朝鮮語観を追求している。そこには日本人

にとって「朝鮮語」とはいったい何だったのかという一貫した問題意識の下で、「朝鮮語の学習の目的が、朝鮮文化を学び、朝鮮人を知り、そしてみずからを朝鮮人によりよく理解してもらうためのものとしてではなく、統治政策の徹底、治安維持のための有効な手段が優先していると見ざるをえない」という結論を導いている。

しかし、いずれも書誌学的性格の強いものであり、文献の傾向やその日本語の特徴などについての考察はなされていない。それゆえに本論文においてそれらを研究対象とする価値があるということができる。

2.2. 課題設定および研究方法

多様な資料を扱いながら、明治期朝鮮語会話書の特徴をとらえるためには、資料の類型を見出していくことが必要である。一度に多くの資料を扱うことは現実には困難であるため、本論文でまず明治期という限られた範囲の資料を対象にし、その多様性をとらえるための視点から研究を行った。

既に存在している朝鮮語会話書の目録や日本全国の図書館・韓国の主要図書館のデータベース、広告などを参考に直接確認を行い、目録を新たに作成する。会話書については、題名・出版日・編著者・出版地・発行者・所蔵場所などの出版事項、情報などの詳細を示す。ここにはすでに何らかの目録に掲載されているものもあるが、今回の調査で新たに発掘したものも含まれる。それらの序言や凡例、同時代の書籍などに掲載された広告なども調べ、書誌の概要、特徴、出版目的と内容、構成は勿論、資料相互の影響などの関連性を明らかし、資料としての性質を十分に把握するのに重点を置く。

日本の政治状況は明治維新を転機に新しい方向をとり、言語もこれに応じて急速に変容し現代語に至る。朝鮮語会話書は現代語の形成過程が捉えられる資料であると同時に歴史的背景や政策の変化によって内容はもちろん語彙や語法の推移がみられる資料でもあるため、時代ごとの会話書の変化や会話書独自の特徴などを調べる必要がある。また、そこに取り上げられる内容も戦争、軍事、通商、日常生活、旅行、買い物、商取り引、移住、教育、治安、公共事業、公務など多彩であり、内容によってどのような表現や形式が現れるのかを調べるのも資料の特徴を究明するには欠かせない要素であろう。

朝鮮語会話書は、政治的・歴史的背景、朝鮮に対する日本の政策の変化と密接な関係があり、その影響による出版件数、出版目的や内容・形式の推移は最も注目すべきところである。

本資料群は、日本語と朝鮮語の対訳になっている資料が大部分である。両言語は、節や句単位ではなく、一対一で対応をなしている同一語順で文法的な類似性も認められるため、添えられた朝鮮語対訳は近代語と現代語での意味用法が異なる場合にそれを知る手掛かりになる場合がある。したがって、対訳の検討による意味用法の差異の研究が朝鮮語会話書の日本語の特質を明らかにする上で、欠かせない要素と考えられる。

明治期朝鮮語会話書における日本語には、様々な分野の語彙が掲出されており、多くの場合、漢語に訓読みや音読みが施されている。しかも朝鮮語の漢字の読みも掲出されていることから漢字音の当時の読みや朝鮮語との差異についても考察ができる資料といえる。また、表音文字であるハングルで日本語を表す資料も存在し、当時日本語の発

音を窺える音韻資料としても使えるため、その検討も行う。

　同じ会話書が版ごとにその日本語を変えて現われる場合があり、各版の比較研究により、時代による言葉の変遷を辿ることができる。それによって、どのような語法がどのような変化を遂げたか、またその要因はどこにあるのかを考察する。なお、会話書の序、例言、凡例、注記、解説などには出版目的や当時の情況のみではなく、当時の言語意識・著者や出版地による語彙の差異、記した日本語の性格、なども窺えるため、それらをも重要な事柄として考察したい。

3. 構成と概要

　本書では、明治期朝鮮語会話書を近代日本語資料として用いる基盤を整えるために、調査発掘した資料の書目を示し、それらの特徴や内容、またそこに書かれている日本語について考察した。全体を「第一部　総論編・近代日本語資料としての利用のために」、「第二部　各論編・朝鮮語会話書と日本語の研究」二部に分けた[1]。その結果、明治期朝鮮語会話書は、歴史的な事情や背景により出版目的も変わり、それに伴って内容や形式、構成、語彙、表記、表現なども変化することが明らかになった。

　本論文で扱った朝鮮語会話書は19世紀末から20世紀初期の近代日本語が確立する時期のものであるため、言語の変化の実態が反映されてい

---

1) 東京大学の博士論文は三部から構成されている。「三部　資料編・明治期朝鮮語会話書」は、その研究対象を大正・昭和時代まで広げて、資料の図版や解題を別度出版する予定である。

る資料であるとともに、資料ごとに多様な言語現象がみられる資料で
もある。そのような点を明確にすることにより、近代日本語研究の資
料として位置づけを試みた。その結果をまとめてみると次の通りであ
る。

　まず、第一部では近代日本語を反映した資料として、どのような点
に注意して扱うべきかを明らかにするため、朝鮮語会話書の特徴とそ
の時代背景について考察した。また、各種のデータベースや全国図書
館の目録などを参考にし、日本全国各地の図書館や韓国の図書館に所蔵
されている原本を実見・確認できたものを「朝鮮語会話書目録」として示
す。明治10年代6点、20年代21点、30年代34点、40年代13点の、合計74
点について出版事項(題名・出版年月日・編著者・出版地・発行者)や所蔵
場所などの書誌情報を一覧にした。この目録には従来知られていない
新たに発掘した資料も加えられており、その意義は大きいといえる。

　明治期朝鮮語会話書を一覧にし、朝鮮語会話書の特徴を精密に考察す
る上で、有効な方法の一つと考えられるので、明治を前期と後期に区
分して述べることとする。

　第1章においては、明治前期の会話書のあり方は時代背景によって変
化し、それによって構成や内容、言語にも変化が生じることを明らか
にした。つまり、明治10年代まで、朝鮮語会話書は外交・交易のため
のものであり、ハングルとその読み方が片仮名で表記されたもので
あったが、明治20年代になると、片仮名のみによる、軍人を対象とし
た日清朝会話書が主になるなど、政治情勢による形式、内容、構成、
表記の変化が認められる。特に、明治20年代の日清戦争への活用を目
的として出版された会話書は、頁数が少なく、軍人が携帯するのに便

利なものであった。その言語は、物資や食料調達のための軍人に必要な言語であったため、命令・禁止・許可・確認表現が多く、平易簡略な言語を使用しているのが特徴である。明治前期の朝鮮語会話書は、先行の朝鮮語会話書の部立て、構成、語彙、文章をそのまま受け継ぐことが多く、この踏襲性は、明治前期における朝鮮語会話書の性格として見逃すことのできない一面である。

　第2章では、明治後期の会話書の書目を示し、これらの資料を日本語史の立場から利用するに当たっての検討を加えた。明治後期における会話書は、日露戦争への活用、朝鮮の近代化、産業・貿易・商業への活用、公共事業や公務での活用、日常会話での円滑なコミュニケーションのために編纂され、その多様な目的と内容が認められる。明治前期のものよりも高い語学能力の編著者によるものであるため会話文のレベルも高くなり、構成、表記面でも整ったものになる。先行の朝鮮語会話書の部立て、構成、語彙、文章を受け継ぎながらも、時代の潮流や学習者の利便性、言語レベルを考慮して新たな構成や語法、学習方法などを取り込み、その姿を変えてきたことも明確にできた。その日本語には、新たな語法や口頭語が反映すると同時に、方言を排除して特定の表現を用いようとする意識が表われている。そして、その対訳から当時の朝鮮語と日本語の意味用法、同一漢語の用法やその読みの差異なども知られる。

　次いで、第二部各論編では、明治時期に広く使われた代表的朝鮮語会話書のいくつかについてその日本語が近代語資料としてどのように活用できるかを示した。書誌の概要を初め、著者に関する情報、時代的推移そしてそこに記されている日本語にみられる性格、語彙、表

記、語法の様相について考察し、編著者の受けた言語教育、時代的な推移、言語や文章についての意識の変化など、背後に存在する問題と関連させて研究を進めた。

　第3章では、江戸時代から明治時代にかけて広く使われた『交隣須知』の諸本を比較し、そこで取り上げられている日本語は、日常生活語であり、その言葉が時代の変遷に伴って変化を遂げているため、諸本を比較することによって近代語の形成過程(特に東京語の形成過程)を一目で把握できるものであると結論づけた。特に、形容詞のイ音便・命令表現・断定の文末表現といった語法の推移の中に、待遇表現の発達、形の単純化・簡素化、円滑かつ効果的なコミュニケーションための表現の増加・変化が見出された。

　第4章は、明治20年代から版を重ねて出版された『日韓通話』について述べたもので、上下段の分割や部立て・日本語の対訳などの構成や例文の内容については『交隣須知』に拠るものが多いことを明らかにした。なお、『日韓通話』における日本語が、社会一般の言語、およびその変遷を直ちに反映しているとはいいにくいが、接続の「ニヨリ」「ニツキ」「ユエ」の使用が減り、「カラ」がその勢力を強め口語性が明確になっている点、伝聞と推量の機能分化の進行、二段動詞の一段化の徹底から当時の日本の口語体の成立期の一面をうかがい知ることができた。また、江戸時代に多く行われた「イコウ」「キツウ」「オオキニ」といった文語調の程度副詞が減少し、「タイソウ」「ヒドク」「マコトニ」といった口語性の強い語彙に入れ替えられたことを検証した。その他、「ヒタスラ」の意味用法が現在とは異なる点も指摘した。

　第5章は明治30年代の朝鮮語会話書であると同時に日本語会話書とし

ても活用された『日韓韓日新会話』についての研究である。本書は日常必要とする語彙を集めた「単語部」と実用対話が集められている「会話部」が交互に置かれており、当時の外来語や現代語とは異なる漢語の読みなどの語彙資料としても活用できるものであった。単語の部立ては、著者島井浩の他の会話書と一致するが、掲載された語彙は新たなものに入れ替えられており、時代を反映している。会話は大体が丁寧で改まった言い方であり、敬語、当為表現、可能表現などの語法には現代語との過渡的様相を呈していることも明らかになった。また、本書に掲載されている五十音図のハングル表記は当時の発音がある程度推定できる資料であると判断した。ただし、対訳の日本語における誤訳や不自然さがあり、ハングルによる日本語の発音表記について注意も要する面もあるという指摘もした。さらに、島井浩が著した『実用韓語学』(明治35)、『実用日韓会話独学』(明治38)、『韓語五十日間独修』(明治39)が本書に及ぼした影響について究明した。

　第6章は新たに発掘した資料の一つである『独習新案日韓対話』の内容や特徴について検討を行い、近代日本語資料としての価値について探ったものである。本資料は朝鮮語会話書から日本語会話書へ転換する過渡期的な会話書である。自然な日本語を採用した点から当時の口頭語がよく反映している資料として位置づけることができる。表記面でも漢字片仮名交じり文で片仮名の総ルビつきで、表音式表記や棒引き表記を試みており、当時の日本の国語政策の朝鮮語会話書への影響が認められる。

　さらに、扱う際の注意点などについての検討を加え、近代日本語資料として明治期朝鮮語会話書の位置づけや活用のための研究を試みた。

第一部 総論編

近代日本語資料
としての利用のために

第1章

朝鮮語会話書の特徴と変遷
【明治前期】

1. はじめに

　本章では朝鮮語資料について、近代日本語資料として扱うために、まず朝鮮語会話書の特徴と推移、そしてその時代背景について検討する。朝鮮語会話書は、日朝会話書から日清朝会話書へ、外交・貿易のためのものから戦争への活用のためのものへ、ハングルと片仮名による表記から片仮名のみの表記へとその内容、表記などの変化が認められ、その変化は歴史的・政治情勢と密接な関連がある。その変化は日清戦争が契機であるため、明治20年代、日清戦争への活用のために出版された会話書の体裁、分量、大きさ、表記、言語面での特徴、会話文の内容などについて詳しい検討をし、これらに現われる言語意識について考察を行うこととする。

　明治期の会話書は、明治14年のものが最も早いものであるが、その会話書の性格は政治的な背景により大きく変化するため、便宜上、明

治10年代と20年代を前期に、30年代・40年代を後期とし、本稿では前期について述べる。

2. 朝鮮語会話書の目録〔明治前期〕

　朝鮮語会話書の目録は既にいくつか存在しているが[1]、書誌学的性格の強い研究が大部分で、文献の傾向や特徴などについての研究はあまりなされていない。それらの目録やデータベースを参考にして確認した会話書は、明治10年代6点、20年代21点、30年代34点、40年代13点で、合計74点である[2]。以下に明治10年代と20年代の朝鮮語会話書の出版事項(題名・出版日・編著者・出版地・発行者)や所蔵場所[3]を一覧にする。この時期の会話書は急遽されたのが多く、朝鮮語会話書にもかかわらず、ハングルが示めされていない会話書も多く見受けられ、＊印は、会話文の朝鮮語がハングルと片仮名によって表記されている会話書であることを示す。

---

　1) 梶井陟(1978)・櫻井義之(1956)・山田寛人(2004)などがあり、東京大学東洋文化研究所が公開している「近代朝鮮関係書籍データベース」や「日本国会図書館」での検索も可能である。
　2) 新たに調査して追加した5点をつけ加えると79点になる。
　3) 所蔵文献の多いところを中心として括弧の中に示した。

<表1> 朝鮮語会話書の目録[明治前期][4]

明治10年代
［M10-1］ 交隣須知 1881(明治14.1) 雨森芳洲編・浦瀬裕校正増補　外務省 (国会・東大) ＊[5]
［M10 2］ 訂正隣語大方 1882(明治15.6) 浦瀬裕校正増補 東京 (国会・国研) ＊
［M10-3］ 和韓会話独学 1882(明治15.8) 武田甚太郎 (国会) ＊
［M10-4］ 日韓善隣通語 上下 1883(明治16.1) 宝迫繁勝編 山口 (国会・東大) ＊
［M10-5］ 交隣須知(再刊) 1883(明治16.3) 雨森芳洲編・浦瀬裕校正増補 外務省 (国会) ＊
［M10-6］ 交隣須知(刪正) 1883(明治16.9) 雨森芳洲編・宝迫繁勝刪正 下関 (東大) ＊

明治20年代
［M20-1］ 日韓英三国対話 第1、2部 1893(明治25.6) 赤峰瀬一郎 大阪 岡島宝文館 (国会・東大) ＊
［M20-2］ 日韓通話 1893(明治26.10) 国分国夫編 長崎 丸善 (国会・東大・大府大) ＊
［M20-3］ 朝鮮国海上用語集 1894(明治27.6) 田村宮太編 東京 水交社 (国会)
［M20-4］ 実用朝鮮語 正編 1894(明治27.7) 中島謙吉編 東京 尚武学校編集部 (国会)
［M20-5］ 朝鮮俗語早学 全 1894(明治27.7) 松栄玄訓堂 金沢 三余堂 (国会)
［M20-6］ 兵要朝鮮語 1894(明治27.7) 近衛歩兵第一旅団編 東京 明法堂 (国会)
［M20-7］ 新撰朝鮮会話 1894(明治27.8) 洪奭鉉著 東京 博文館 (国会)
［M20-8］ 従軍必携 朝鮮独案内 1894(明治27.8) 栗林次彦著 熊本 (国会)
［M20-9］ 速成独学 朝鮮日本会話篇 1894(明治27.8) 阪井武堂校閲 東京 叢書閣 (国会)
［M20-10］ 日韓会話 1894(明治27.8) 参謀本部編 東京 (国会・東経大・大府中央・阪大) ＊
［M20-11］ 独習速成 日韓清会話 1894(明治27.9) 吉野佐之助 大阪 明昇堂 (国会)
［M20-12］ 日清韓三国会話 1894(明治27.9) 坂井釟五郎著・多田桓閲 東京 松栄堂 (国会)
［M20-13］ 日清韓三国対照会話篇 1894(明治27.9) 松本仁吉著 大阪 中村鍾美堂 (国会)
［M20-14］ 日清韓対話便覧 1894(明治27.9) 田口文治著 仙台 田口文治 (国会)
［M20-15］ 旅行必用 日韓清対話自在 1894(明治27.9) 太刀川吉次郎 東京

鳳林館 (国会)

〔M20-16〕朝鮮通語独案内 1894(明治27.11) 池田勘四郎著 香川 池田勘四郎 (国会)

〔M20-17〕日韓対訳 善隣通語(朝鮮会話篇) 1894(明治27.11) 大川通久編 東京 清華堂(国会) *

〔M20-18〕朝鮮語学独案内 1894(明治27.12) 松岡馨 東京 青山清吉 (国会・東大・大府中央) *

〔M20-19〕日清韓三国通語 1894(明治27.12) 天淵著 東京 薫志堂 (国会)

〔M20-20〕日清韓語独稽古 1895 (明治28.3) 漢学散人著 東京 宇都宮民太郎 (国会)

〔M20-21〕日韓通話増訂 1895(明治28.6, 再版) 国分国夫編・国分象太郎校 長崎 丸善 (国会・東大) * 6)

3. 時代背景

　　明治4年(1872)「廃藩置県」が断行され、日朝両国の中間に位置しその外交交渉役であった対馬藩は廃止され佐賀県に配属になるとともに、江戸時代からの通詞養成機関である「韓語司」(1727設立)も見直されて、明治5年には厳原に「韓語学所」が設置される。それは、世襲であった対馬藩の通詞が担っていた日朝外交が近代的な外交に転換し、日本国を

---

4) [追M20-1]『日清韓対照兵要語集』は、総47ページからなっており、13cmのコンパクトなサイズである。上下の2段に分けられ上段には日本語が、下段には中国語、韓国語が示されている。会話のみで日清語のところには、斥候及偵察之部、舎営之部、日清対照問答署から、日韓語のとこには、斥候及偵察之部、歩哨之部、徴発舎営之部からなっている。ハングル文字は見当たらず、カタカナで発音を記している。

[追M20-1]日清韓対照兵要語集　1894(明治27.8)　相沢富蔵著　厚生堂　東京　(国会)

5) ＊印は本文にハングル表記がなされていることを示す。

6) [M20-2]が初版で、増補部分(22ページ)が付け加えられるので、[20-21]を、別項目として載せた。

代表する外務省に権限が移行したことを意味する。「韓語学所」設置の意図は、これまでの対馬出身者を排除し、全国の士族の子弟から抜擢し、体系的で近代的な韓語教育を始めることにあったが、それは容易ではなく、他県の士族の子弟も含まれたもののほとんど対馬の出身者が引き続きその生徒となった。ところが、「征韓論」などの高まりにつれ、明治政府は朝鮮半島や中国大陸などへの進出の機会をねらっていたため、現地での通詞養成を主張し「韓語学所」7)を、設立1年で釜山に移し「草梁館韓語語学所」を開設し、本格的な朝鮮語通詞養成を始める8)。

　明治8年(1875)江華島事件9)後、朝鮮に進出する直接的契機となった明治9年の日朝修好条約10)締結時には、教官である浦瀬裕や生徒の中村庄次郎が通詞を随行するなど11)、「草梁韓語学所」は、明治13年東京外国語学校に朝鮮語科が設置されるまで12)、日本政府の外交の中心的な役

---

7) 「韓語学所」の設置は、その後の対朝鮮との外交ににらんだものであり、事実韓語学所・草梁館語学書で学んだ多くの者が、政府の通訳者や書記生として活動した。

8) 釜山広地市立市民図書館に所蔵されている「旧釜山居留民団関係資料」の『朝鮮事務書』第20巻(明治6年4月)の「韓語学所見込ミ思案」には、「語学ノ者是迄ト違ヒ行末ハ韓国何方ヘ遊歴シ深ク其境ニ入ルモ計リ難ク候ヘハ何卒唯今ノ内ヨリ生徒ノ内拾名撰ミ当館ヘ引取書籍上習読ノ余暇不断韓人ヘ親接実馴為致五三日自然ニ近似スルニ非レハマサカノ実用ニ立カタク(略)」という認識があったようである。

9) 1875年9月(明治8)に日本軍艦雲揚は、明治新政府との外交を拒否していた朝鮮王朝に対し武力勃発した事件で、翌年軍事的圧力のもとに日朝修好条約を締結し朝鮮を開国させた。

10) 朝鮮の開国を定めた日本・朝鮮間の条約。朝鮮を独立国として承認し、清国との宗属関係を否認、釜山等の3港の開港を規定。日本の一方的な領事裁判権・無関税特権などを保証した不平等条約。

11) 大曲美太郎(1936)

12) 『東京外国語大学沿革略史』(1997)。1880年3月外務省韓語学所の文部省移管による。

割を果たしてきた。日本政府は、日朝修好条約の締結以後、朝鮮に宗主権を主張する清国と対立を深め、軍拡を進めていた。

明治28年(1895)に甲午農民戦争が勃発、朝鮮政府がその鎮圧のため清国に出兵を要請すると、日本は清国を牽制すべく派兵した。甲午農民戦争の停戦後、日本は朝鮮の内政改革を求め、朝鮮政府や清がこれを拒否すると、7月23日に王宮を占拠して、親日政府を組織させた。清がこれに対して抗議して対立が激化、7月25日に日清戦争が始まる。9月には日本軍が朝鮮半島をほぼ制圧し、10月には清への上陸を開始、11月には日本軍が遼東半島の旅順・大連を占領、翌年3月には遼東半島を制圧し3月下旬からアメリカの仲介で停戦に合意するに至ったのである。

4. 朝鮮語会話書の変遷

この期における日本による朝鮮語や朝鮮研究の業績は夥しいもので、櫻井義之(1964)の調査によると、明治の初年より日韓併合にいたる約半世紀にわたる間に出版された文献資料が600余冊に上るなど、当時朝鮮に対する日本の関心がかなり高かったことがわかる。内容から見ると、経済・産業部門が圧倒的に多く、事情・政治・歴史・地誌・語学の順序を示し、当時の日本が大陸に何を求めていたかが窺える。また、歴史的・政治的情勢によって、朝鮮語会話書の出版件数や内容が変わっているなど、この期の朝鮮語学習書と歴史的関連性はとても高いと言わざるを得ない。次はこのような時代の背景との関連およびその変遷について特徴別に整理してみる。

　朝鮮語会話書の出版件数や内容も上のような国際情勢によって左右され、明治15年の壬午軍乱前後の、明治14年から明治16年の3年間に出版されたのは6件、日清戦争の前後である明治25年から明治28年の間に21件で、日本の関心が高かった時期に朝鮮語会話書が出版されている。

　日清戦争勃発の年の明治27年までは「外交・貿易」が主な出版目的であった。[M10-1]『交隣須知』の緒言(浦瀬裕記)から、「明治九年新条約始メテ成リ両国人民寛優貿易ノ道開ケシ以来各自交通ノ便ヲ得タリ時ニ予象胥ノ官ニ承乏シ命ヲ外務省ニ奉シ此書ニ因テ増補校正ヲ加ヘ世ニ公行セン」と記しており、その出版目的が貿易のためであったことを知ることができる。

　[M10-4]『日韓善隣通語』には釜山浦領事であった近藤真鋤[13)]も、次のように序文を寄せており、その出版目的が交易のためのものであることを明らかにしている[14)]。

　　「我邦商人居留朝鮮国釜山浦者凡二千餘人而通其邦語者甚尠大低皆雇朝鮮人
　　署(略)解日本語者為通弁矣以是情意常欠通暢動輒生紛挐而不学其自陥欺岡者
　　亦多矣蓋其幣因商家営業之繁不瞰(暇)就学与旧伝之語学書浩瀚錯雑不便于初

---

13) 近藤真鋤(1839-1892)は、初代釜山管理官で天保10年(1839)愛媛県に生まれた。姓は藤原、号は内軒。明治3年(1870)外務権大録となり、明治5年外務一等書記官となったという。釜山が最初に開港した時、釜山の日本人居留民保護のために領事館の前身である外務省の監督官廰が設置されることになり、明治10年近藤眞鋤は外務権少書記官に任じられ管理官として釜山に赴任した。明治12年12年　釜山領事補になり、翌年　釜山監督官庁は釜山領事館となり近藤眞鋤は釜山港在留領事兼判事となる。おそらくこの時期に本書の序を書いたものと推察される。
14) 日鮮交渉のとき以来、朝鮮語は必要に迫られ宝迫の著述は当時とても需要があったのであろう。

学而然也宝迫繁勝曽有感于此頃著善隣通語二冊來徴序於餘閲之上自語格文
法下至商家日用言語簡述明載使人寓目了然易於記憶洵為語学之楷梯而交際
之舟筏也苟従事朝鮮貿易者能就此学之則談咲応酬無不如意何復憂其紛挐与
欺罔之有然則繁勝有此著不啻有益于語学也餘焉得不樂而序之乎明治十三年
十一月三十日書於釜山浦領事館東窓下 訥堂近藤真鋤」

　宝迫繁勝もその緒言で、朝鮮語学習の必要性について「務外交者不可
不通其語苟不通其語則不能相通彼我之事情也蓋学其語也有方概就学語之
書以究変化従其国人以調音節而後為得焉余之於朝鮮語也学之未久固不能
無隔靴之感雖然有志之士就此書以求其方不無小補云爾」と述べ、[M10-4]
『日韓善隣通語』が、日本人の朝鮮語を学ぶための学習書であり、初学
者用の簡便なもので談笑や交際、トラブル回避のためのもので、著者
は朝鮮との外交や交易を意識して編纂していることを示唆している。

　明治20年代に入っても初期までは、「外交と貿易」という朝鮮語会話
書の出版目的は変わらず、[M 20-1]『日韓英三国対話』の自序に、「高尚
文雅ニ過ギ或ハ簡易質素ニ過ギテ共ニ隣国ノ好ト貿易ノ隆盛トヲ補助ス
ルニ足ラズ」と、[M 20-2]『日韓通話』の緒言に、「明治九年修好条約及ヒ
通商章程ノ締結アリタル後ハ、旧来ノ交通一層ノ親密ヲ加ヘ、貿易通
商ハ年一年ヨリ旺盛ナリト雖、彼我言語ノ相通セサルニ於テハ交際或
ハ親密ヲ欠キ、商業時ニ利ヲ失フコトナキヲ保ス可カラズ。果シテ我
ラハ交際ニ商業ニ其語ヲ学フノ急務ニアラザルハナシ」とあり、明治10
年代に比べ交易や交通も頻繁で旺盛になったが、言語の問題が障壁に
なっているので、円滑な外交・貿易のために語学力の向上のために出
版したという。

　しかし、日清戦争が始まる明治27年(1894)からは、戦争にただちに
活用できる軍人用の会話書が主となる。戦争が始まった7月には、商武

＜図1＞明治10年代の朝鮮語会話書

学校や近衛歩兵第一旅団などから[M20-4]『実用朝鮮語　正編』・[M20-5]
『朝鮮俗語早学』・[M20-6]『兵要朝鮮語』が、宣戦報告をした8月には、
[M20-7]『新撰朝鮮会話』・[M20-8]『従軍必携　朝鮮独案内』・[M20-9]『速
成独学　朝鮮日本会話篇』・[M20-10]『日韓会話』が出版される。[M20-8]
『従軍必携　朝鮮独案内』の自叙に「聊カ従軍人士ノ実用ニ便セント欲ス」
と本書が軍人の実用に便宜を供するを目的としていることを明らかに
している。

　また、同年9月には、日本軍の中国大陸へ進出に合わせて[M20-11]
『独学速成　日韓清会話』・[M20-12]『日清韓三国会話』・[M20-13]『日清韓
三国対照会話篇』・[M20-14]『日清韓対話便覧』・[M20-15]『旅行必用　日韓
清対話自在』のように日本語・中国語・朝鮮語の3ヶ国語対訳の会話書が
多数出版される。

　それらの緒言や凡例には、その編纂目的が明確に表れているので、
次に転載する。

　　「宣戦ノ大詔此ニ煥発シ、日清ノ間砲煙弾雨相接セリ。此時ニ方リ苟モ日

本帝国臣民タル者ハ清韓ノ言語ニ通暁シ、以テ予メ時ニ処スルノ準備ナカル可ラス」　　　　　　　　　　　　　　　（[M20-11]『独学速成 日韓清会話』緒言）

「本書ハ我軍人及ヒ発行諸士ノ便宜ヲ計リ朝鮮八道府、州、郡、県、ヨリシテ軍人用語及ヒ日用会話其他雑語等詳細ニ記述セシ者ナレバ軍人及ビ発行藩士ノ本書ヲ誦読スルアレバ日清韓ノ談話ニ其用ヲ弁シ得ベシ」　　　　　　　　　　　　　　　　（[M20-12]『日清韓三国会話』凡例）

「本書は朝鮮及び支那の内地を往来する人の為めに彼地に於て通用する所の日常必要の言語文句を集めたるものなり」　　　　　　　　　　　　　　（[M20-15]『旅行必用　日韓清対話自在』凡例）

　[M20-14]『日清韓対話便覧』の場合は、日本が清に対しての宣戦布告である「詔勅」も載せており、出版目的が専ら日清戦争への活用であることを端的に表している。翌年1895年3月に戦争が合意で終わるまでに、[M20-16]『朝鮮通語独案内』・[M20-18]『朝鮮語学独案内』・[M20-19]『清韓三国通語』・[M20-20]『日清韓語独稽古』のような、戦争への活用のための会話書は引き続き出版される。[M20-18]『朝鮮語学独案内』の緒言には、「本書編纂ノ意ハ第一、出征ノ軍人ニ便シ、第二、貿易ノ商人ヲ利スルニアリ故ニ用語ハ勉メテ平易簡単ヲ主として且ツ朝鮮語未知者ガ師ニ就カズシテ独リ学ビ得ベキ様副詞、形容詞ノ如キモノモ一々之ヲ載セ頗ブル心ヲ用ヰタリ故ニ名ヅケテ朝鮮語学独案内ト称セリ」と述べ、[M20-19]『日清韓三国通語』の序にも、「我軍連戦連勝すでに鴨緑江を越え、九連城難なく陥り、鳳凰城亦将に我占領に帰せり。猶進んでは奉天を陥き、直ちに彼乃王都北京を衝き、その城頭に旭章旗の翻を見ること一瞬間にあらんのみ。然る時は清の四百余州は我が往来すべき地となるや必せり。日清韓三国の通語の必需日一日より急なり。余喜ん

で此書を作る」と記してあり、それらの明確な出版目的が窺える。

4.2. 内容と構成の変化

　明治10年代の会話書は、[M10-1][M10-5][M10-6]『交隣須知』や[M10-2]『訂正隣語大方』のように、江戸時代の系統を受け継ぐものが多く、その編著者も、釜山草梁の語学所の教官や稽古生が中心になっている[15]。語学所の人物の以外には、明治初期の朝鮮語の普及の代表者として宝迫繁勝がいる[16]。『交隣須知』の内容は、朝鮮の風俗や慣習などに関わるものが多い。構成面では、天文・時節・昼夜・方位・地理・江湖など60余りの部門を立て、関連する見出し語をつけてその見出し語が入るように朝鮮語会話の用例を提示した言わば用例集で、すべてその隣(左右或いは、上下)に日本語の対訳がつけられている。上の明治10年代の3種類の刊本以外にも、江戸時代の写本および明治37年の『校訂交隣須知』が存在しており、そこに綴られている日本語にはその時代の言葉が反映されていて、時代の変化に伴う日本語の変遷を追うことができる[17]。

　[M10-2]『訂正隣語大方』は、天・地・人3冊9巻からなり、公私の用務の時や、朝鮮人と商談に必要な言葉や中国の諺、四字熟語、故事などを集めた用例が500種類あまり示されている。[M10-4]『日韓善隣通語』

15) 『朝鮮事務書』の第23巻明治6年8月10日付けの広津より花房外務大丞への上申書に「外務少輔殿御指令ニ尊ヒ、去ル二日、語学所相廃シ、即日佳永友輔御雇差免シ、同四日　別紙名前ノ者十名稽古通詞トシテ、渡韓内意申達シ候」別紙の稽古通詞姓名欄に「武田甚太郎当19才ト六ヶ月」とある。

16) 宝迫繁勝は、[M10-4]『日韓善隣通語』[M10-6]『交隣須知(刪正)』の出版以外にも、[M10-1]や[M10-2]の印刷にも関わっており、明治10年代の大部分の朝鮮語会話書を手がけている。

17) 拙稿(2006)参照。

は、初学者用の簡便なもので現地人との談話や交際、トラブル回避を
目的とした外交や交易のための会話書である。語彙を収録した第3章は
天文・時節・昼夜・方位・地理・江湖・水貌などの部門が立てられてお
り、交隣須知の系統をひいている。宝迫の編著書には、[M10-6]『交隣
須知』の刪正本があり、下記のように[M10-1]外務省版の『交隣須知』の
長い用例を短い文章に、「ニツキ」を「カラ」にするなど、当時の口語を
意識した、簡単で短い文章に改変している[18]。

○ワレガ牛ノ角デナクバオレガ石垣ガクヅレウカ   ([M10-1]二5)[19]
　ネ－쇼쌀아니면 내 담이 믄어지랴
　⇒ 牛ノ角デ作レ   ([M10-6]二4)
　　쇼쌀노믿드라
○身ガ肥タニツキ背骨ガ見エヌ   ([M10-1]一48ウ)
　몸이 슬찌기에 등모루쎠가 아니뵈네
　⇒ 身ガ肥タカラ背骨ガ見エヌ   ([M10-6]一36ウ)[20]
　　몸이 슬찌기에 등모루쎠가 아니뵈네

　　次に明治20年代の会話書について言及する。[M20-1]『日韓英三国対
話』は、日本語・朝鮮語・英語の3ヶ国語対訳の会話書で、本文を3段に
分け、中央部には朝鮮語をハングルで表記し、その傍に読みを片仮名
で示している。上段に、補足・増補欄を設け、本文の会話以外に予想
される別の会話や解釈、下段に英文や日本語文を載せており、同時に
3ヶ国語の会話の学習ができるよう工夫されている。また、本書は分か

18) [M10-3]和韓会話独学のように、規範意識からか文語体の古典的な言い方・漢文
　　訓読式の言い方の会話書も存ずる。「○筆談セント欲ス(11オ) / ○来カ未タ来
　　ラザルカ(10ウ) / ○其レハ如何ナル事ソヤ(14Zオ)」
19) 本書における引用例はなるべく原文のままに掲出した。ただし、場合によって
　　は、朝鮮語対訳を省略した。
20) 本書における引用例の下線は成による。

＜図２＞明治20年代の朝鮮語会話書

りやすい日常語を訳語として使い、それまでの会話書には個々の会話
の用例文を掲出してきたが、会話の例文を2連の対話形式として構成
し、実用会話のテキストとして優れたものになっている。

　　「此書ハ欧米各国ニ行ルル会話書ノ組織ニ倣ヒテコソ編集為ツレ。特ニ語
　　学ニテ最肝要ナル一点則チ簡単ニシテ解リ易キ文句ヲ作ル事ニ終始注意シ
　　タレバ困難ナル長文句ハ最モ稀ナリ~参考書トシテハ種々ノ本共ヲ用ヒシ
　　カドモ夫ガ中ニテ雨森芳洲先生ガ編集サレニケル交隣須知コソハ最モ貴
　　トキ助援成ケレバ先生ト該書ノ校正増補者浦瀬先生ト印刷者中谷ノ主トニ
　　向ヒテハ長ク記憶サレテ忘ラレ間敷感謝ヲ述ル言斯ノ如シ(中略)此書ヲ友
　　トシテ学ブ人ガ早速ニ語学ニ熟練スベクシテ実地之業務ニ就タラン日ニ
　　己ガ学力ト他ノトヲ比較テ思キヤ斯モ大イナル裨益ヲ得シトハト自ラ回
　　顧テ感歎スベキ事ハ我ガ信ジテ疑ザル所ナリ」　　　　　　　　　（自序）

　上の自序によると、いままでの会話書の体裁やその文章は古風で簡
単すぎるので、貿易に役に立たないとし、欧米の会話書や交隣須知の
構成から学び編集したことを明らかにしている。その表紙に、「日韓
言語之関係ニテ始リ、動詞之変活表等ニテ終ル」「対話・註解・・・増補」
「単語文法・・・雑項」「赤峯氏之新法」が綴られてあり、赤峯自分なりの独

創的な朝鮮語学の学習法を創案したことを強調している。

　明治後期まで広く利用された会話書の一つが、[M20-2]『日韓通話』で、上下段の分割や部立て・日本語の対訳を付する構成や例文の内容面で交隣須知に拠るものが多い。そのほか、欧米の会話篇の順序を真似して日常の談話に必要な連語を収集し構成、場面や状況別に分けて語彙の練習ができるようにするなど、かなり洗練された会話書になっている。

　その緒言にも、「該書ハ欧米ニ於テ行ハルル会話篇ノ順序ニ倣ヒ日常ノ談話ニ切要ナル単語連語ヲ蒐集シ全篇トナセリ。而シテ毎章ヲ単語及ヒ連語ニ分ツ其主意先ツ単語ヲ学ビ後連語ニ進マシム単語ニ訳ヲ付セサルハ専ラ修学者ハ暗記及ヒ練習ニ便ナラシムルニアリ而シテ連語ハ単語ヲ基トシテ問答的若クハ単独的ノ談話ヲ組立テ以テ単語ノ応用如何ヲ示セリ」とある[21]。

　この期の朝鮮語会話書は『交隣須知』や西洋の会話書から長所を取り入れて構成し、貿易・交隣を目的にしていたが、日清戦争を契機にその内容や構成が変わる。[M20-3][M20-4][M20-5][M20-6][M20-7][M20-8][M20-9][M20-10][M20-11][M20-12][M20-13][M20-14][M20-16][M20-19][M20-20]がそれである。[M20-10]『日韓会話』の緒言にも、「本書纂述ノ目的ハ朝鮮語未知ノ軍人ヲ利スルニ在リ。故ニ用語ハ務メテ平易簡略ヲ主トシ、成ルベク軍隊必要ノ言語ヲ撰録セリ」と述べている。これら軍人用の会話書の特徴としては、①軍人の携帯のために作られたこと(いわゆるポケット版)、②ハングルを示すよりは、意志疎通のための言葉を音(片仮名表記)で覚えさせることを目的とするものが多い。した

---

21) [M20-21]『日韓通話』(再版)から付け加えられる増補部の会話には、新しい概念を表す用語・用例が盛り込まれている。

がって、最小限の限られた数の基本語彙とごく短い文章になっている。また、③命令・禁止・許可・(確認のための)疑問の表現が多いこと、があげられる。これらの特徴などについては、次の「5. 日清戦争への活用のための朝鮮語会話書の特徴」でさらなる検討を行う。

　これらの会話書の部立ては、天文、地理、疾病、金宝、身体、人品などの『交隣須知』の系統を受け継いだ項目とともに、文字、数量、地名、武器、戦闘などが新たに加えられている。つまり、この時期の朝鮮語会話書の構成や部立ては①類聚による交隣須知の系統を引くもの、②交隣須知の系統をひいたものに西洋の構成を真似したもの、③交隣須知の系統をひいたものと近代文物導入による新たな部立てを加えたもの、の三つに区分することができる。

4.3. 朝鮮語表記の変化

　朝鮮の文字について別の項目を設けて説明しているものは、[M10-4]『日韓善隣通語』、[M20-1]『日韓英三国対話』・[M20-2]『日韓通話』・[M20-9]『速成独学　朝鮮日本会話篇』・[M20-10]『日韓会話』・[M20-12]『日清韓三国会話』・[M20-13]『日清韓三国対照会話篇』・[M20-17]『日韓対訳善隣通語(朝鮮会話篇)』・[M20-18]『朝鮮語学独案内』の9点に過ぎない[22]。この文字の項目の有無とは関係なく、会話の部分は、ハングルにさらに片仮名によるルビをつけたものと片仮名のみによる朝鮮語表記に分けることができる。

　明治10年代のものは、すべてハングルに片仮名ルビをつけたもので

---

22) [M10-5]でハングルについて99音図を初めて紹介しているが、ここでは子音の項に母音が、母音の項目に子音が示されている。これを参考にしたのか[M20-9]・[M20-12]・[M20-13]・[M20-17]でこれらも子母音を取り間違えている。

あるが、明治20年代になると[M20-1]『日韓英三国対話』・[M20-2]『日韓通話』・[20-10]『日韓会話』・[M20-17]『日韓対訳　善隣通語(朝鮮会話篇)』・[M20-18]『朝鮮語学独案内』・[M20-21]『日韓通話』(再版)の6点に留まる。言い換えれば、「外交・貿易」を目的としていた会話書は、ハングルを示しているものが多い反面、編纂目的が「戦争への活用」になった時期の会話書には、ハングルが排除され、片仮名のみで示されるようになるのが特徴である。それは、最小限必要な言葉を音のみで学習させようとする傾向とともに、もう一つの理由として、次の会話書で述べているように日本における朝鮮文字であるハングルの活字の不足問題が浮上してくる。

　　「朝鮮字ヲ用ヒテ一々仮名ヲ附シタキモ、我国ニ於テハ朝鮮文字ノ活字不充分ニシテ、速急ノ際ニ遇ハザルヲ以テ。朝鮮文字ニ代フルニかな(ママ)ヲ以テセリ」
　　　　　　　　　　　　　　　　　　　　([M20-12]『日清韓三国会話』)

　　「本書巻首ニ記載シタル朝鮮文字九十九音ハ恰モ日本ノ五十音ニ等シクシテ朝鮮語ヲ記スルニハ欠クベカラザルモノナレトモ我国ニ於テ朝鮮文字ノ活字未ダ不十分ニシテ早急ノ際ニ偶セザランコトヲ恐レ之ニ代フルニかな(ママ)ヲ以テセリ」
　　　　　　　　　　　　　　　　　　([M20-9]『速成独学　朝鮮日本会話篇』)

　　日清戦争への活用を目的として出版された会話書は、[M20-4]『実用朝鮮語　正編』・[M20-8]『従軍必携　朝鮮独案内』・[M20-18]『朝鮮語独案内　全』・[M20-19]『日清韓三国通語』に記しているように、急遽出版に至ったのが多く見受けられる。

　　「本書ハ急遽編纂セシヲ以テ順序ヲ正スノ暇ナシ看者之ヲ諒セヨ」
　　　　　　　　　　　　　　　　　　　　　　　　　([M20-4]凡例)

「修飾校訂の暇なし故に魯魚顚倒深く咎むる勿れ」　　　　　　　([M20-8]凡例)

「本書ハ将来益々朝鮮語ノ必要アルニ迫ラレ浅学ヲモ省ミス急遽編纂セシ
ヲ以テ固ヨリ完全ナラズ聊カ朝鮮語未知者ヲ神補シ以テ国家ニ報ゼンコト
ヲ願フノ微衷ナルノミ他日尚ホ其不完全ヲ補ヒ其誤謬ノ如キモ又当サニ訂
正ヲ加ヘテ謝セントス看者姑ク之ヲ諒セヨ」　　　　　　　　　([M20-18]凡例)

「日清韓三国の通語の必需日一日より急なり余喜んで此書を作る」

([M20-19]序)

5. 日清戦争への活用のための朝鮮語会話書の特徴

　これら軍人用の会話書の特徴としては、独学のためのものが主流を
なし、学習内容の難易度も低いと言える[23]。これらの形態的な特徴
に、携帯しやすく(いわゆるポケット版)、頁数が少ない点、ハングル
の文字の不採用などがあげられる。

＜表2＞日清戦争への活用のための朝鮮語会話書の頁数と大きさ

	タイトル	頁数	大きさ[24]
①	[M20-3]『朝鮮国海上用語集』	12p	14cm
②	[M20-4]『実用朝鮮語 正編』	56p	13cm
③	[M20-5]『朝鮮俗語早学 全』	42p	14cm
④	[M20-6]『兵要朝鮮語』	67p	12cm
⑤	[M20-7]『新撰朝鮮会話』	162p	15cm
⑥	[M20-8]『従軍必携 朝鮮独案内』	21p	13cm
⑦	[M20-9]『速成独学 朝鮮日本会話篇』	62p	16cm

23) [M20-13]『日清韓三国対照会話篇』(明治27)の凡例に「本書載スル所ノ言語ハ現今
　尤モ必要ナル清韓両国語ヲ本那語ニ対照シタモノニシテ初学独習ノ便ニ供セ
　ンコトヲ期セリ」と記している。

⑧	[M20-10]『日韓会話』	256p	13cm
⑨	[M20-11]『独習速成日韓清会話』	50p	13cm
⑩	[M20-12]『日清韓三国会話』	139p、49p	17cm
⑪	[M20-13]『日清韓三国対照会話篇』	99p	16cm
⑫	[M20-14]『日清韓対話便覧』	35p	13cm
⑬	[M20-15]『旅行必用 日韓清対話自在』	127p	13cm
⑭	[M20-16]『朝鮮通語独案内』	8p	18cm
⑮	[M20-18]『朝鮮語学独案内』	204p	16cm
⑯	[M20-19]『日清韓三国通語』	118p	13cm
⑰	[M20-20]『日清韓語独稽古』	8p	17cm

　＜表2＞でみるように、大きさは横15cm以下が17点のうち11点で、袖珍判でいわゆる小型本、ポケット本と呼ばれるようなものが多い[25]。頁数も100ページを超えるものは、[M20-7]『新撰朝鮮会話』・[M20-10]『日韓会話』・[M20-12]『日清韓三国会話』・[M20-15]『旅行必用日韓清対話自在』・[M20-18]『朝鮮語学独案内』・[M20-19]『日清韓三国通語』の6点に過ぎず、残りの11点が100ページにいたらない。8ページ、12ページ程度のものが3点も存する。

　そのうち、[M20-8]『従軍必携　朝鮮独案内』には、「此書固より従軍人士の懐中用便ぶ供せんとす故を以て記事略図ともに成るべく簡易を主として唯た其大要を示明するのみ韓語の如きに至りては殊に然りとす」(凡例)と携帯用として作ったため簡易なものになったと述べている。編著者は先駆的意味を意識していたかとは別に、この大きさや分量は

---

24) B6(182×128)、B7(128×91)、A6(148×105)
25) [M20-8]『従軍必携朝鮮独案内』に「此書固より従軍人士の懐中用便ぶ供せんとす故を以て記事略図ともに成るべく簡易を主として唯た(ママ)其大要を示明するのみ韓語の如きに至りては殊に然りとす」(凡例)とある。

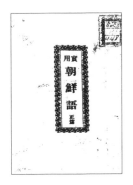

＜図3＞日清戦争で用いられた朝鮮語会話書

軍人が常時持参し、いつでも出して活用できる利点があったのではなかろうか。

　これらの戦争への活用のため朝鮮語会話書のもう一つの特徴は、前述したように文字であるハングル（諺文）の表記がなされていないことである。朝鮮語会話書であるのにもかかわらず、＜表1＞に＊印が示されている会話書は2点に過ぎない。時間的制約からか文字を覚えるよりは、取りあえずの戦地で必用な言葉だけを音のみで覚えさせ、必要最低限の意思伝達さえできればいいという考え方が根底にであったと推察される。

これらの戦争への活用のための会話書には、内容の面から、①命令・禁止・許可・確認の表現の多用、②平易簡略な言い方、③軍人が現地で必要とする言葉や軍隊に関連した会話、軍人の士気を盛り上げる会話の掲載という特徴がある[26]。

5.1. 命令・禁止・許可・確認表現の多用

　[M20-4]『実用朝鮮語　正編』に、「本書編纂ノ意ハ吾儕軍人ノ軍務執行ヲ補助スルニアリ本書中ノ訳語ハ命令詞多キニ居ル上流者ニ向テ之ヲ使用スル時ハ失礼ニ渉ラザル様注意ヲ要ス」(凡例)と述べていて、本書には命令形が多いため、目上の人などには適さず、かえって失礼を犯す恐れがあると注意を促している。その用例を次に示す。

　　　○忘れるな(イツチーマーラ)　　　　　　　　　　　　　([M20-4]p.27)
　　　○隠れて来たれ(ナミモールーカイカーマニーオナラ)　　([M20-4]p.30)
　　　○後に向け(ヲーロツヘンヘラ)　　　　　　　　　　　　([M20-4]p.49)

　このような命令表現は、＜表2＞の戦争活用のための他の会話書では容易く見受けられる[27]。

　　　○御出なされ(モシヨ)　　　　　　　　　　　　　　　　([M20-5]p.32)
　　　○我に渡せ(ナイコイ、チューオラ)　　　　　　　　　　([M20-6]p.19)

---

26) 雑誌「軍事界」(1902年)に「兵語としての口語及文章語に就て」によれば「兵語」とは「簡単明瞭」「勇壮活発」「教育上の方法が容易」であるべきだと述べたうえで、軍隊でも統一された文語、口語が要請されるという。つまり、命令が正確に伝わらないことには、戦闘もできないという趣旨からであろう。

27) 動詞の命令形以外にも婉曲な命令表現も見えるものの用例が少なくない。「しづかにしづかに([M20-8]p.14) / 一寸御覧([M20-11]p.38) / 馬にのりて、ゆかふマルタコ、カチャー([M20-8]p.18)」

○訳を言へ(コクチヨールルイルローラ) 　　　　　　([M20-6]p.19)

○知らせろ(アルカイハヨヤ) 　　　　　　　　　　　([M20-6]p.59)

○家ニ。行テ。値段ヲ。聞テコイ(チーペー。カーソー。カプスル。ア
ルナー、ヲーラ) 　　　　　　　　　　　　　　　　　([M20-9]p.45)

○我ト一所ニ来イ(カツチカー、チヤ、ニヤルタラヲナラ) ([M20-14]p.25)

○彼所ニ舟ヲツケロ(チヨー、クイ、パイ、タイ、ヨーラー)

　　　　　　　　　　　　　　　　　　　　　　　　　([M20-14]p.26)

○持ゆけ(カチヨカヽラ) 　　　　　　　　　　　　　([M20-16]p.4)

　また、これらの会話書には、禁止、許可、確認の表現が多用されて
いる。大陸に進出をするために朝鮮に渡航するようになった日本の軍
人には、生存、偵察、軍事物資を調達のために、命令、脅迫、確認、
禁止のごく短い文章が必須であったようである。

○一歩も動くな(ハンコウルムトウムヂーキーチマラ) 　　([M20-4]p.4)

○たわけを、言うな(ホンマル、マルラ) 　　　　　　　([M20-8]p.14)

○陸軍大将ハ。軍士。幾名ヲ。率キツレマスカ（ユククンテーチヤーグ
ソ。クンサー。ミヨツミヨーグル。コヌリヨツソ） 　　([M20-12]p.74)

○騒グト斬ルゾ(チヤークナン、チルハーミヨン、ポーピリチヨー)

　　　　　　　　　　　　　　　　　　　　　　　　　([M20-14]p.25)

○彼処ニ。敵兵ハ。居ラヌカ。見テ。来イ（チヨーコイ、テヨクピョ
ーギ、オプソ、ポーコー。オナラ） 　　　　　　([M20-18]p.147)28)
　져게、 덕병이、 업소、 보거、 오ᄂ라

[M20-3]『朝鮮国海上用語集』・[M20-4]『実用朝鮮語　正編』・[M20-5]『朝
鮮俗語早学』・[M20-6]『兵要朝鮮語』・[M20-14]『日清韓対話便覧』・[M

---

28) 「。」は、本文中の日本語の一つの文章の区切りをわかりやすくするためだと著
　　者の松岡馨は述べている。

20-16]『朝鮮通語独案内』・[M20-20]『日清韓語独稽古』には、丁寧表現は全く用いられていない。[M20-6]『兵要朝鮮語』の凡例に、「本書は兵用を主とせるを以って。儘ま粗俗に渉るの語あり。是れ尋常会話と其撰を異にする所以なり」と示し、兵士などが用いる言葉が多いので、荒っぽく、下品な言葉づかいも含まれており、普通の言葉とは違う面があると述べている。[M20-8]『従軍必携　朝鮮独案内』にも、「朝鮮語中二三応答を除く外故さらに賤語を用ゐて敬語を用ゐず蓋し専ら戦地実用を主として樽俎応酬を後にする」(凡例)と、敬語を用いず、専ら戦地で活用できることを目的として作られたことを明らかにしている。

5.2. 平易簡略な表現

　朝鮮での活用を目的とするため、覚えやすい会話文がもっとも必要であったと考えられる。[20-19]『日清韓三国通語』はその凡例に「会話は可成初歩のものを撰べり」と簡潔で平易な初歩の会話に選んで載せたと記している。戦争で即座に活用できる、基本的意思疎通に重点をおいたものといえる。

　　○冷い(ソンソノハヲ)　　　　　　　　　　　　　　　　([M20-5]p.12)
　　○よろし(チヨーソ)　　　　　　　　　　　　　　　　　([M20-5]p.33)
　　○冷飯ガ。有リマセウカ。(シーコンパプ。イッスーリーヨ)
　　　　　　　　　　　　　　　　　　　　　　　　　　　　([M20-9]p.44)
　　○甚ダ弱イ(シムイヤクホン)　　　　　　　　　　　　　([M20-11]p.38)
　　○御足労デス(パルモクレムイチヨ)　　　　　　　　　　([M20-11]p.42)
　　○朝鮮語ハ能ク分ラナイ(チヨソン、マル、チヤル、モルラー)
　　　　　　　　　　　　　　　　　　　　　　　　　　　　([M20-14]p.29)
　　○酒アルカ(スルイスソ)　　　　　　　　　　　　　　　([M20-14]p.32)

○名はなに(イロムモイラ)　　　　　　　　　　　　　([M20-16]p.6)

○雨がふる(ピイーカヲンダ)　　　　　　　　　　　　([M20-16]p.6)

○御兄弟ハ御幾人です(メーツ、ヘングテーヨ)　　　　([M20-19]p.90)

○少し御待なさい(チヨムキタリシヨ)　　　　　　　　([M20-19]p.92)

5.3. 軍人に必要とされた語句

　[M20-10]『日韓会話』の緒言に、「本書纂述ノ目的ハ朝鮮語未知ノ軍人ヲ利スルニ在リ。故ニ用語ハ務メテ平易簡略ヲ主トシ、成ルベク軍隊必要ノ言語ヲ撰録セリ」と、その対象は軍人で、軍隊で必要な言葉を選んだという。

○金ハドコヨリ沢山出マスカ(금이、어데셔、만히、나오 クミーオーテーサーマーニーナオ)
　　　　　　　　　　　　　　　　　　　　　　　　　([M20-10]p.64)

○槍持テ戦フ軍士モアリマスカ(창、가지고、쓰음、ㅎ는、군ㅅ도、잇소
チヤク゚カーチコサーウムハヌンクーンサトイツソ)　　([M20-10]p.144)

○火薬ヲ。持テ。コヨ(ハーヤク。カーチヨ。ヲナーラ)　([M20-12]p.76)

○支那ノ兵士ハ。皆。何処ニ。進テ。行キマシタ(チユグクフピヨグサーヌンター。チヨウクイ。ヌーロー。カツスムネータ)
　　　　　　　　　　　　　　　　　　　　　　　　　([M20-12]p.79)

○逃ルト鉄砲デ射ゾ(ターラナーミヨン　チユング、ノッチー)
　　　　　　　　　　　　　　　　　　　　　　　　　([M20-14]p.26)

○其砲台に大砲があるか(ク、ポーダイエー、タイワングーカー、インナ)
　　　　　　　　　　　　　　　　　　　　　　　　　([M20-15]p.61)

　軍人が戦地で武器や資源の調達や徴兵、敵兵の威嚇、手伝いの要請など、様々な場面を想定している。また、次のように、情勢に関する話題、日本軍人の心構えや士気を鼓舞させるための用例なども取り上げられている。

○支那が非常にまけたさうです(チェングキー、タイだ゠ニー、チェッタ
　プヂーヨ)　　　　　　　　　　　　　　　　　　　　([M20-8]p.21)
○日本ノ兵士ハ。至厳ニシテ。質朴デス(イルポンピヨグサーヌン。チ
　イヲムハーコー。チルパーキーヨ)　　　　　　　　　([M20-12]p.77)
○日本将師ノ。号令ガ。大層ト。厳粛デス(イルポンチヤグスーウイ。
　ホーリヨグイ。メーウー。オムスクハタ)　　　　　　([M20-12]p.78)
○日本ハ。島国デ。土地ハ。狭クテモ。人ノ精神ガ。違ヒマス(イルボー
　ヌン。ソーミーラー。チパーギー。チヨーバート。サーラム、チヨ
　グシーニー。タルナーヨ)　　　　　　　　　　　　　([M20-12]p.81)

　そのほか、次のように朝鮮語を直訳した日本語、朝鮮の人物に関す
る話題、韓国式漢字熟語なども見受けられ、朝鮮や朝鮮語の知識がな
い人には、相当困難な学習内容ではなかっただろうかと推定されるも
のもある。

○其言葉ハ。誠ニ。野俗デス(クー、マルスームン。チユグマル。ヤー
　ソク、ホーワーヨ)　　　　　　　　　　　　　　　　　([M20-9]p.57)
○白骨。難忘デゴザル(ペクコル。ナンマグ、イロセータ)　([M20-9]p.62)
○問：額字は誰が書きましたか(ソンパン、クルシカー、ヌイ、クル
　シーヨ)
　答：大院君の字です(タイウヲングーヌイ、クルシーヨ)　([M20-15]p.28)

5.4. 朝鮮語会話書における特有の表記と句読点

　[M20-6]『兵要朝鮮語』および[M20-10]『日韓会話』・[M20-18]『朝鮮語学
独案内』には、「カキクケコ」と「ガギグゲゴ」の中間音として「カ゜キ゜ク゜
ケ゜コ゜」を、「ツ・ヅ」の中間音として「ツ゚」という表記をするなど、日
本にはない朝鮮語の発音の新たな日本語表記を工夫している。
　たとえば、[M20-6]『兵要朝鮮語』の凡例に「ク゚は。クとグとの間音に

して。殆とヌに似たり。ツ゚は。羅馬字のTUと。略ほ其音を同ふす。ヅは。羅馬字のDUと。略ほ其音を同ふす。」と日本にない朝鮮語の発音について詳しい解説を行っている。[M20-10]『日韓会話』の緒言にも「諺字ハ其上下ノ影響及口調ノ抑揚ニ依リ本音ヲ失ヒ又ハ長短緩急ノ差ヲ生ス故ニ傍訓ハ以テ直チニ基本音ト認ムヘカラス」「傍訓に「カ゚キ゚ク゚ケ゚コ゚」アルハ「カキクケコ」ト「ガギグゲゴ」トノ間音「ツ゚」ハ羅馬字ニテTU或ハ　DUト同一ノ発音ナリ元来本邦ノ仮名ハ以テ悉ク彼国ノ音ヲ現ハス能ハス故ニ今之ヲ仮造シ以テ発音ノ便ニ供ス」と、原音に近い発音としての新たな表記を作っていることを明らかにしている。

[M20-18]『朝鮮語学独案内』の緒言にも、「元来本那ノ仮名ハ悉ク彼国ノ音ヲ現ハス能ハズ故ニ今之ヲ仮造シ以テ発音ニ便ス即チ仮名字ノ右傍ニ「゚」ヲ附シタルハ強ク発音スベキヲ示ス仮令バ「ツ゚」トアルハ「ツ」ト「ヅ」トノ間音ニシテ又「ク゚」トアルモ「ク」ト「グ」トノ間音ナリト知ルベシ」としており、様々な表記の工夫が見られる。

つづいて、明治前期の朝鮮語会話書における句読点について調べてみる。明治前期の会話書には読点は付けられているが、句点は付けられていない。また、読点に「、」が用いられた場合と「。」が用いられた場合がある。

会話書には次の用例のように朝鮮語のみに句点が付けられて[29]、日本語には付けられていない場合、日本語・朝鮮語両方に句読点を付ける場合、両方とも句読点をつけていない場合がある。ちなみに、日本語に句読点をつけて朝鮮語には付けていない場合は見当たらない。

29) 朝鮮語の部分はハングルとハングルの発音を片仮名で示す二通りの方法を取っている。ここでは、両方のどっちらかに句読点を付けていれば、朝鮮語に句読点が付けられているとみなした。

①朝鮮語のみに読点が付けられている場合([M20-4]・[M20-7]・[M 20-10]・[M20-15]・[M20-19])

　　○左様デスカ私モ矢張ソウデス(クロハーヲ、ナト、ドハン、クロケ、サングカクハヨツソ)　　　　　　　　　　　　　([M20-7]p.52)
　　○今年ハ平安道ニ御出テニナリマセンカ(금년은、평안도안、가시요　클ニヨーヌン　ピョーガンドアンカーシーヨ)　　　　　　([M20-10]p.17)
　　○李サンニ御逢ニナリマシタカ(니　셔방、보엿소　イソーパク°ポソッソ)
　　　　　　　　　　　　　　　　　　　　　　　　　　　　　([M20-10]p.204)
　　○さて酒一盃飲みませうかな(タイヂヨ、スル、ハーンチヤン、モクブシタ)　　　　　　　　　　　　　　　　　　　　([M20-15]p.40)
　　○あなたはお茶が御好きですか(ノウヘング、ヂヤルチヨアハシヨ)
　　　　　　　　　　　　　　　　　　　　　　　　　　　　　([M20-19]p.96)

　[M20-10]『日韓会話』は、日本語には句点を付けず、朝鮮語(ハングルのみ)に句点を付けている。その理由について「右傍ノ句点ハ言語ノ換節ヲ表スルモノナレトモ対談ニシテハ可成左傍ノ線ニ依テ句切スヘシ」と説いている。

②日本語・朝鮮語両方に読点が付けられている場合([M20-8][M20-9][M 20-12][M20-18])

　　○ちんせんは、いくらか(サクチェヌン、オルマニヤ)　　([M20-8]p.19)
　　○火輪船ハ。イツ頃。来ルト申シマスカ(ハーロンソン。ヲンチエーチユム。ヲンタ、ハーナーヨ)　　　　　　　　　　([M20-9]p.34)
　　○甚ダ。驚キマシタ(メーウー。ノルナプサ、ヲイタ)　　([M20-9]p.48)
　　○大概。五万ニモ。成リマシウ(テイカグ。ヲーマーニーナ。テーナツスムネータ)　　　　　　　　　　　　　　　　　([M20-12]p.68)

○何門計リ 何門計リ。アリマスカ(몃치냐、잇나 ミヨツチナー、インナ)

([M20-18]p.166)

[M20-9]『速成独学　朝鮮日本会話篇』、[M20-18]『朝鮮語学独案内』に句読点をつけた理由について次のように述べている。

「書中朝鮮語及日本語ニ「。」句読ヲ用ヒタルハ一語宛ニ離シテ其訳語ノ了解シ易キ為ニス又朝鮮語中「、」句読ヲ附シタルハ連語ニシテ誦読シ難キ所ヲ読ミ易カランガ為ナリ」　　　([M20-9]『速成独学朝鮮日本会話篇』凡例)

「書中朝鮮語及ビ其読方ニ「、」句読ヲ附シタルハ連語ニシテ誦読シ難キ所ヲ読ミ易クシ又日本語ニ「。」ヲ用ヰタルハ一語宛ニ離シテ其訳語ノ解シ易カランコトヲ慮リテナリ」　　　([M20-18]朝鮮語学独案内の緒言)

　会話書における読点は形態素・単語などといった文法的な概念による原則はなく、分りやすいところで用いられている。つまり、句読点の採用により読みやすく、朝鮮語や日本語の意味をわかりやすくすることにより、短期間内の学習効果の向上を狙ったものと推察される[30]。

6. 言語意識

　釜山の語学所での主なテキストに、江戸時代からの写本である『交隣須知』や『隣語大方』を骨子として、これに『講話』を加えて利用したと

---

[30] 朝鮮語の場合は、連声の現象が激しい言語で、正確な意味伝達のためには分かち書きや句点を用いたほうがよい。

いう31)。しかし、これらの教材には方言・訛音が多くて使用にたえなかったため32)、明治14年に外務省は時代に合う朝鮮語学習の必要性を認識の上、浦瀬裕に指示し新たに制作に至った33)。つまり、江戸写本に修正増補を加えて刊行したのが、[M10-1]『交隣須知』および[M10-2]『訂正隣語大方』(明治15年)である。『訂正隣語大方』の緒にその経緯が窺い知られるので転写する。

> 「此書モ亦須知ト同ク大抵古代ノ言法ニシテ迂曲遼遠今時ニ適切ナリザルノミナラズ書簡上ノ語体多ク対話ニ不便ナルモノアリ故ニ余曩気ニ京城ノ学士ヲ引キ専ラ近世ノ語法ヲ論究シ先ヅ須知ヲ校正シ嗣デ此書ニ及ブ今官将サニ之ヲ印刷ニ付セントス依テ一言ヲ録シ後進ヲシテ此書ノ沿革スル所ヲ知ラシム」

つまり、『隣語大方』を校正増補した浦瀬裕は、その語法は編集当時のものとしては適切ではなくそうとう不便なので、『隣語大方』を直したとしている。

[M10-4]『日韓善隣通語』に、言語には正格(標準語)と訛格(方言)があるとし、朝鮮語での標準語は京城の言葉で、日本語では別に正格語が存在し、東京の言葉は「東京世俗語」であるという認識を示している。たとえば、「オチル(落)」「マスグニユク(直行)」「マシロ(真白)」が「正格語」

---

31) 小倉進平(1934)。朝鮮風習の一端を知るべく小説や偉人伝の『淑香伝』・『春香伝』・『崔忠伝』・『林慶業伝』なども学習していたようである。
32) 拙稿(2005)参照。
33) 外務省版[M10-1]『交隣須知』の緒言には「明治九年新条約始メテ成リ両国人民寛優貿易ノ道開ケシ以来各自交通ノ便ヲ得タリ時ニ予象胥ノ官ニ承乏シ命ヲ外務省ニ奉ジ此書ニ因テ増補校正ヲ加ヘ世ニ公行セントシテ(略)」とあり、[M10-2]『隣語大方』の緒言にも「此書モ亦須知ト同ク大抵古代の語法ニシテ迂曲遼遠今時ニ適切ナリザル(中略)近世ノ語法を論究シ須知ヲ校正シ嗣デ此書ニ及ブ」と浦瀬裕は記している。

であるのに対して、「オッコチル」「マーアッツグニユク」「マーアッチ
ロ」は東京世俗語であるという。東京語を標準語とは異なる一つの方言
として意識したものと思われる。著者である宝迫繁勝は、[M10-6]『刪
正交隣須知』も手がけており、「ヒロゲテ見ルニ何ニモナイ手ノ掌ジヤ
([M10-6]巻四・2ウ)」のように、その文末に「ジャ」の使用が目立つ。こ
れは、著者が山口出身であること、日本語文を書きこむスペースに制
限があったことと関係がありそうである[34]。

　[M20-1]『日韓英三国対話』にも、「日本語ハ東京語ヲ用ヒタレトモ火
ヲ(シ)ト云ヒ会ヲ(カイ)ト云フガ如キ誤謬ル関東方言ハ避タリ」とあ
り、東京語の中でも関東特有の訛りは採用しないと記している。

　一方、[M20-11]『独学速成日韓清会話』や[M20-13]『日清韓三国対照会
話篇』には次の用例のように、地域性が反映されている語彙や終助詞が
用いられている場合も見受けられる。

　　○大キニ有難フ　　　　　　　　　　　　　　　　　([M20-11]p.18)
　　○真正ニ覚ヘマセヌ　　　　　　　　　　　　　　　([M20-11]p.20)
　　○カウベヲキル　　　　　　　　　　　　　　　　　([M20-13]p.61)
　　○汝ノ舩ハ何時出スヤ　　　　　　　　　　　　　　([M20-13]p.82)

　[M20-8]『従軍必携朝鮮独案内』にも、「ゴキカブリ」「ハヒ(蠅)」「アヲ
ビ(生鮑)」などの語彙が掲載されている。このように、明治前期の会話
書には、出版地や編著者により偏差が見受けられ、出版地や著者との
関連性が注目される[35]。

---

34) 朝鮮語会話書における「ジャ」は明治20年を境にして用いられなくなり、「ダ」は、
　　[M20-1]『日韓英三国対話』・[M20-2]『日韓通話』・[M30-8]『交隣須知』では各々3
　　例・12例・311例でその使用が増加する。
35) 会話書の出版地を見てみると、明治10年代には、山口(2)、東京(1)、不詳(3)で、

7. おわりに

　以上、明治前期における朝鮮語会話書の概要、そこに見られる日本語の特徴とその変遷について述べたが、今後このような検討を重ね、この資料群の性格を明らかにすることにより、近代日本語研究の資料としてそれを用いる条件が整うものと考えられる。

　朝鮮語会話書は、日朝会話書から日清朝会話書へ、外交・貿易のためのものから戦争への活用のためのものへ、ハングルと片仮名による表記から片仮名のみの表記へと変化が認められ、その変化は時代背景と密接な関連がある。

　明治20年代の日清戦争への活用を目的として出版された会話書の特徴としては、形態の面では、①軍人の携帯のために作られたこと(いわゆるポケット版)②頁数が少ないものが多いことが、内容の面では、①命令・禁止・許可・確認表現の使用　②平易簡略な言葉　③軍人に必要な言葉(物資や食料調達など)　④朝鮮語会話書特有の表記の工夫や句読点の使用が挙げられる。

　また、明治前期の会話書には、会話書によっては方言を排除し、特定の表現を採用しようとする認識を表しているものと地域性の濃い語彙を掲出するものが存在するなど、その言語意識についてはばらつきがある。しかし、当時の意識を窺える資料である点から近代語資料としての意義があるといえる。

　20年代には、東京(12)、大阪(3)、長崎(2)、そして金沢、熊本、仙台、香川が各々1点ずつになっている。ところが、明治30年代からは東京、大阪、京城に集中する。

朝鮮語会話書の特徴とその日本語
【明治後期】

1. はじめに

　明治後期における会話書は、日露戦争への活用のためのものと朝鮮の近代化や産業の興業、貿易へ活用するためのもの、日常会話での円滑なコミュニケーションのためのもの、商業、公共事業や公務のためのものなど、多様へ活用するな出版目的と内容が認められ、明治前期のものよりも高い語学能力を持った編著者により会話文のレベルも高くなり、構成、表記面でも整ったものになっている。

　これらは、会話書であるため当時の日常生活語を反映している点、出版目的により内容が異なる点、時代による語法の変化、両国の漢字音の差異などが窺える点から看過できない資料的価値を有している。

　第2章では近代日本語資料としての活用という点に着目してその研究の土台づくりのため、調査発掘した資料をリストにし、どのようなものがあるかを示し、その内容や形式、構成などの特徴について述べ

る。なお、会話書における日本語の特質の究明のため、編著者や出版地との関連性、対訳の性格、当時の口頭語がどのように反映されているかを調べた。

2. 朝鮮語会話書目録[明治後期]

まず、日本と韓国各地の図書館などで新たに発掘したもの、およびデータベースや全国図書館の目録などを参考とし原本を実見・確認したものを〈表3〉に「朝鮮語会話書目録」として示す。前述したように、明治期を名々前期(明治10年代・20年代)と後期(明治30年代・40年代)に分けて、ここでは、明治後期の会話書のみを考察対象とする。以下は調査した書目を一覧にしたものである。

＜表3＞朝鮮語会話書の目録[明治後期]1)

明治30年代
[M30-1] 実地応用朝鮮語独学書 1900(明治33.1) 弓場重栄・内藤健編 東京 哲学書院 (国会・東大・國學院大) * 2)
[M30-2] 朝鮮語独修 1901(明治34.11) 松岡馨著 東京 岡崎屋書店 (国会・大阪府立) *
[M30-3] 実用韓語学 1902(明治35.5, 初版) 島井浩著 趙熙舜外閲 島井浩 (国会) *
[M30-4] 日韓通話捷径 1903(明治36.5) 田村謙吾著 國分象太郎閲 東京 田村謙吾 (国会) *
[M30-5] 韓語会話 1904(明治37.1) 村上三男編 東京 山座圓次郎閲 大日本図書 (国会・大阪府立) *
[M30-6] 日露清韓会話自在法 1904(明治37.2) 武智英著 語学研究会編 東京 日本館 (国会)
[M30-7] 対譯日露清韓會話 軍人商人必携 1904(明治37.2) 米村勝蔵編 東京 啓文社 (東大)

[M30-8] 校訂交隣須知 1904(明治37.2) 前間恭作・藤波義貫共訂 京城 平田商店 (一橋大・韓国中央) *

[M30-9] 一週間速成韓語独り卒業(渡韓の杖) 1904(明治37.4) 阿部正尹編 金道義校正 岡山 川上幸太郎 (国会)

[M30-10] 袖珍実用満韓土語案内 1904(明治37.4) 平山治久著 東京 博文館 (国会)

[M30-11] 実地応用日韓会話独習 1904(明治37.4) 勝本永次著 李有鎔関 大阪 此村藜光堂 (国会)

[M30-12] 日露清韓会話早まなび 1904(明治37.5) 小須賀一郎編 大阪 又間精華堂 (国会)

[M30-13] 日露清韓会話自在 1904(明治37.5) 通文書院編 東京 玄牝洞 (国会) *

[M30-14] 日韓会話独習 1904(明治37.5) 山本治三著 東京 東雲堂書店 (国会) *

[M30-15] 最新朝鮮移住案内(日用日韓語及び会話) 1904(明治37.6) 山本庫太郎著 東京 民友社 (国会・大阪府大)

[M30-16] いろは引朝鮮語案内 1904(明治37.6) 林山松吉著 金曄洵校閲 大阪 偉業館書房 (国会・東経(1913))3)

[M30-17] 韓国農事案内(附韓語会話：農事通用韓語) 1904(明治37.6) 青柳綱太郎著 若松兎三郎 東京・大阪 青木嵩山堂 (国会)

[M30-18] 最新日韓会話案内 1904(明治37.8) 嵩山堂編輯局編 東京・大阪 青木嵩山堂 (国会) *

[M30-19] 日韓会話三十日間速成 1904(明治37.10) 李鎮豊・金島苔水共著 東京・大阪 青木嵩山堂 (国会・東大(1905)) *

[M30-20] 韓語独習通信誌 第1編 1904(明治37.10) 大韓起業調査局通信部編 東京 大韓起業調査局東京出張所 (国会)

[M30-21] 韓語教科書 1905(明治38.1) 金島苔水・広野韓山合著 大阪・東京 青木嵩山堂 (国会) *

[M30-22] 韓語独習誌 第1、2巻 1905(明治38.1・一巻)(明治38.4・二巻) 田中良之著(一巻)・藤戸計太著(二巻) 東京 大韓起業調査会東京支部 (国会・韓国中央)

[M30-23] 対訳日韓新会話 1905(明治38.3) 広野栄次郎・金島苔水共著 大阪 石塚書舗 (国会)

[M30-24] 実用日韓会話独学 1905(明治38.5) 島井浩著 兪兢鎮関 東京 誠之堂書店 国会・(大阪府大・大阪府立) *

[M30-25] 日清韓会話 1905(明治38.6) 呉完興・劉泰昌関 東京 一二三館 (国会)

[M30-26] 対訳日韓会話捷径 1905(明治38.7) 金島苔水・広野韓山共著 大阪 石塚猪男蔵 (国会) *

[M30-27] 独学韓語大成 1905(明治38.8) 伊藤伊吉・李秉昊関 東京 (国会・大阪府大・大阪府立・山口大) *

[M30-28] 日韓清英露五国単語会話篇 1905(明治38.11) 堀井友太郎著 大阪

堀井友太郎 (国会)

[M30-29] 実用韓語学(訂正増補4)) 1906(明治39.1・第7版) 島井浩著 東京 誠之堂書店 (国会・東大) *

[M30-30] 日韓韓日新会話 1906(明治39.2) 島井浩著 東京・大阪 青木嵩山堂 (国会・東経大) *

[M30-31] 日韓言語合璧 1906(明治39.4) 金島苔水著 東京・大阪 青木嵩山堂 (国会・東大・東経大) *

[M30-32] 韓語正規 1906(明治39.6) 近藤信一著 金澤庄三郎閲 東京 文求堂 (国会・東経大) *

[M30-33] 独習新案日韓対話 1906(明治39.8) 日語雑誌社編 京城 日語雑誌社 (國學院大) *

[M30-34] 六十日間卒業日韓会話独修 1906(明治39.11) 柳淇英・高木常次郎共著 大阪 積善館 (国会・東経大) *

明治40年代

[M40-1] 朝鮮語独稽古 1907(明治40.1) 川辺紫石著 大阪 井上一書堂 (国会) *

[M40-2] 日韓会話辞典 1908(明治41.10) 日語雑誌社編 東京 中村録太郎 京城 盛文堂 (山口大) *

[M40-3] 日韓通話(増訂6版) 1908(明治41.10) 国分国夫編 国分象太郎校 長崎県 国分建見 (国会・大阪府大) *

[M40-4] 韓日英新会話 1909(明治42.1) 鄭雲復 京城 (大府中央・韓国中央) *

[M40-5] 韓語通 1909(明治42.5) 前間恭作著 東京 丸善 (国会・東大) *

[M40-6] 独学韓語大成(訂正増補) 1910(明治43.3) 伊藤伊吉・李秉昊閲 東京 丸善 (国研(1911)) *

[M40-7] 日韓会話 1910(明治43.6) 奏兵逸著 大阪 田中宋栄堂 (東経大) *

[M40-8] 韓語五十日間独修(習5)) 1910(明治43.6) 島井浩著 白浚喆閲 東京・大阪 青木嵩山堂 (国会・大阪府立) *

[M40-9] 韓語学大全 1910(明治43.7) 津田房吉著 東京・大阪 青木嵩山堂 (国会・大阪府大) *

[M40-10] 新案韓語栞 1910(明治43.8) 笹山章著 玄穂 京城 平田商店 (国会・韓国中央) *

[M40-11] 日韓韓日言語集 1910(明治43.12) 趙義淵・井田勤衛合著 東京 日韓交友会出版所 (国会・大阪府立) *

[M40-12] 朝鮮語会話独習 1911(明治44.8) 山本治三編 大阪 久栄堂書店 (東京都立) *

[M40-13] 局員須知日鮮会話 1912(明治45.2) 朝鮮総督府臨時土地調査局編 朝鮮総督府 (韓国中央) *

---

1) その後の調査で次の3点が発見されたので、ここに追記する。そのうち、[追

3. 時代背景

　明治期朝鮮語会話書は、文化の受け入れのための西洋の会話書とは違い、主に歴史的・政治的状況によって出版目的も変わってきたため、朝鮮語会話書についてはどのような社会的・政治的背景で、どのように変化していくかを見ていくことも、その性格を明らかにする上で、欠かせない要素と考えられるので記述する。

　日清戦争に勝った日本は、講和条約により台湾、澎湖諸島の割譲を受け、朝鮮での勢力も確実なものにした。しかし、南下の勢いを強めるロシアと朝鮮および満州支配をめぐって対立し、明治37年(1904)2月に日露戦争へと発展した。日本政府は開戦直後に朝鮮半島内における軍事行動の制約をなくし、ロシア鉄道敷設工事に必要な大量の人員の動員などの協力を求め、日韓議定書を締結、8月には第一次日韓協約で韓国の財政・外交に対し関与する。明治38年(1905)9月には講和条約が成立、日露戦争は終結する。

　M30-1]『出征必携日露清韓会話』は、目次にあ84ページ以上になっていると記しているが、11ページから欠丁になっており、短句などの会話のところが確認できない。[追M不詳-1]『朝鮮語』は、奥付が見当たらず発行年度が不詳であるが、目次の前のページには「鹿児島県教育会印の上には、明治37年9月16日の日付が、最後のページには〈明治四十五年四月二日私立鹿児島県教育会寄贈〉とあり、明治37年以前に発行されたものとみられる。

[追M30-1] 出征必携日露清韓会話 1904(明治37.2) 山本富太郎著 則鳴社 東京 (国会)
[追M30-2] 韓訳重刊東語初階 1905(明治38.4) 泰東同文局編 伊沢修二 関 泰東同文局 東京 (国会)＊
[追M40-1] 鎮海湾付近言葉の導 1910(明治43.1) 本田昇三・金正淑合著 増田兄弟活版所 広島 (国会)
[追M不詳-1] 朝鮮語 発行年不明 韓人洪奭鉉講述 大日本実業学会東京 (鹿児島県立)＊

2) ＊印の会話書はハングル文字が示されているものである。
3) 括弧の中の年度のものが所蔵されていることを示す。
4) 版が重ねて出版される場合、内容の変化があるもののみを一覧に掲載した。
5) 原則として外題を示し、内題が異なる場合には括弧の中に示した。

日露戦争中から韓国併合までの間、日本は漸次韓国支配を強化した。1905年の第二次協約では、韓国の外交権を奪い、保護国化し、明治40年(1907)には第三次日韓協約を結んで内政権を掌握、大韓帝国の軍隊を解散させ、明治43年(1910)8月22日に日本は日韓併合条約により朝鮮半島を併合するに至る。これにより、大韓帝国政府と韓国統監府は廃止され、かわって全朝鮮を統治する朝鮮総督府が設置された。朝鮮総督府は明治43年から土地調査事業に基づき測量を行ない、土地の所有権を確定し、申告がなされなかった土地や国有地と認定された土地は東洋拓殖株式会社に接収し、その他の日本人農業者に払い下げられた。これを機に朝鮮では旧来の零細自作農民が小作農と化し大量に離村し、朝鮮の商人と地主は時代に対処できず没落する一方、総督府と良好な関係を保った旧来の地主勢力の一部が新興資本家として台頭してきた6)。

　また、日本は朝鮮での殖産と教育などの様々な投資を活発に行い、朝鮮半島の経済および人的資源を育成しようとした。市場を開設し、鉄道などのインフラを整備した。明治後期における多くの朝鮮語会話書の序などにはそのような情勢やその出版目的が詳しく書き記されているのでここに転記する。

　　「初メノ目的ニ基ヅキ朝鮮国ノ独立ヲ維持且ツ保護セザルベカラズ其目的
　　ヲ達センニハ朝鮮ヲ誘導開発シテ独立ノ基礎ヲ建ツルニアリ而コソ其第
　　一着手トシテ其国ノ財政ヲ整理シ殖産工業ヲ起シ国富ヲ増進スルコト肝要
　　ナリ」　　　　　　　　　　　　　　　([M30-1]『実地応用朝鮮語独学書』序)

　　「我邦の勢力は益々韓国に扶植(ママ)せられ駐剳の軍隊は必要に応じて軍政

を施し財政教育の事、亦我が邦人の掌握に帰し一方には京釜鉄道の全通せるあり其の利権も亦日を遂ひて我が邦人の手に入らんとす誠に悦ぶべき現象なりと雖も今後真に彼の国民の智識を開発し根本的に彼の国を改革せんと」

([M30-23]『対訳日韓新会話』自序)

「戦勝ノ光栄ヲ荷ヒ東洋ノ日出国トシテ世界ノ嘱目仰望スル所トナレリ之レ国家進運ノ秋ナリ国運発展ノ好機逸スベカラザルナリ況ヤ戦後ノ経営ニ伴ヒ殖産興業殖民貿易等寸暇モ等閑ニ付スベカラザルヲ此時ニ際シ最モ必用ヲ感ズルモノハ則チ内外国日用ノ会話ナリ内外賓客ト相対席シ面タリ言語相通セズ意旨相辮ゼザル時ハ如何ニ其目的ヲ達センガタメニ手マネ身ブリ等ヲナシ心ヲ摧キ意ヲ労ストモ遂ニ何事ヲモナス能ハズ徒ニ残念ト口吻スルノ外ナカラントス」　([M30-28]『日韓清英露五国単語会話篇』序)

「日本ノ韓国ニ於ケル実ニ唇歯輔車真ニ有史以来ノ善隣タリ今ヤ日新ノ文化其利器ヲ顕揚シ韓国ノ山河将サニ旧套ヲ脱セントシ我ノ入テ其海ニ漁シ其陸ニ耕シ彼ノ来テ官ニ遊ビ野ニ学ブ所アラントスル者日夕頻繁ヲ極メ交通多事復タ往昔ノ比ニアラズ日韓彼此語学ノ研究豈刻下ノ緊急事ナラズトセン哉両国民意気相投合シ協力以テ所謂天賦ノ利ヲ開発スルニ至ラバ克ク富国強兵ノ実ヲ挙ゲテ与ニ東亜ノ泰平ヲ永久ニ享有スルヤ期シテ竢ツベキナリ」

([M30-27]『独学韓語大成』序)

「夫れ現在の時勢に当りて、日韓国民の互に努む可き者を求むれば、彼我の親睦を以て最重最大の要務なりとす。而して親睦は理解に始り、理解は意思の疎通に外ならず、意思の疎通は互に同一言語を知解し使用するヲ以て、最勝要件と為す。井田君著はす所に日韓言語集は、専ら此実用を目的としたる者、単に学徒の便益を資るに止らず、実に日韓両国の間に精神的橋梁を架するの一事業と見る可し。然らば一小冊子と雖。此書の含蓄する所、尋常語学教科書以上の高遠なる意義ありと謂ふ可き也」

([M40-11]『日韓韓日言語集』序)

つまり、朝鮮の近代化や産業の発展、両国間の貿易こそが日本の経

済や軍事力の発展と直結するものであり、その目的を果たすために朝鮮語を基本的な日常会話から接待用の高度な会話まで習得する必要があったのである[7]。

4. 時期別の出版目的と内容

　明治期における朝鮮語会話書は社会情勢の変化によりその出版目的も異なる。明治10年代には、貿易や外交のためのものが、明治20年代には日清戦争などの戦争への活用が主流をなす。明治後半には、会話書の出版時期とその目的とを関連付けて整理した＜表4＞で見るように、明治30・40年代に最も多いのは、日常生活に用いられる会話、そして貿易や商業のための会話書であり、こういった貿易や商業のための会話書は、明治期全期を通して多く出版される。

　日露戦争の前には、貿易や商業のためのものと治安維持のためのものが出版され、当時の朝鮮と日本の関係が窺い知られる。日露戦争の間には戦争のためのもの[8]や大陸進出を出版目的とするもの、鉄道関連のもの、朝鮮への移住のための手引き書に付録で附いているもの、実用や交流を目的とするものなど、日露戦争の2年も満たない期間中に出版されたのは[M30-7]～[M30-27]の21点にのぼり、その出版目的も多

---

7) 朝鮮語会話書の題名に用いられた語は、明治10年代の「韓」「善隣」「交隣」が、明治20年代に入り日清戦争を契機に「朝鮮」「兵用」「従軍」となり、明治30年の日露戦争時には「実用」「速成」「実地応用」、明治43年の日韓併合で「朝鮮語」「日鮮」という語になることから朝鮮に対する意識の変化などが読み取れる。

8) 明治37年(1904)前後のものは日路戦争により軍事目的で出版されたものが多い。明治37年だけで17点発行されており、大陸進出を目掛け「日露清韓」の四つの言語を書名にいれたものの多い点が特徴である。

様である。

　戦争後には交流を目的とするものもあるが、土地調査・教育・治安
維持といった公務や公共事業のためのものが目につくようになる[9]。
会話学習の対象も明治前期には軍人や貿易関係人に限られていたが、
後期には商業・工業・農業・鉄道従事者・移民などに広がる傾向を呈し
ている[10]。

<表4> 時期別出版目的[11]

	戦争・大陸進出	貿易・商業	日常生活	その他
日露戦争前 明治30~36	[30-2][30-3]	[30-1][30-2][30-3]	[30-1][30-2][30-3]	[30-4](治安)
日露戦争期 明治37~38	[30-6][30-7][30-10] [30-11][30-12][30-13] [30-14][30-18][30-19] [30-22][30-24][30-27]	[30-6][30-7][30-8] [30-11][30-12][30-13] [30-14][30-15][30-18] [30-19][30-20][30-22] [30-23][30-25][30-26] [30-27]	[30-5][30-8][30-9] [30-14][30-15] [30-17][30-18][30-19] [30-20][30-22][30-24] [30-25][30-26][30-27]	[30-5](鉄道) [30-15](移住) [30-17](移住) [30-24](公共事業)
日露戦争後 明治38~44	[30-28][40-4][40-6] [40-7]	[30-28][30-29][30-30] [30-31][40-3][40-4] [40-6] [40-10] [40-12]	[30-29][30-30][30-32] [30-34][40-1][40-2] [40-3][40-4][40-5] [40-6][40-7][40-8] [40-10][40-9][40-11] [40-12]	[30-33](公共事業) [30-34](教育・治安) [40-9](治安) [40-13](土地調査)

9) 梶井陟(1980)も「朝鮮語の学習の目的が、朝鮮文化を学び、朝鮮人を知り、そし
　てまた、みずからを朝鮮人によりよく理解してもらうためのものとしてでは
　なく、統治政策の徹底、治安維持のための有効な手段が優先していると見ざ
　るをえない」という結論を出している。p.97~101参照。
10) 朝鮮総督府刊『朝鮮に於ける内地人』によると、明治44年(1911)当時、在朝日本
　人の職業の分布をみると、農林牧畜業・漁業及製塩業が20,623名、鉱業・工業
　26,811名、公務(役員・警察など)及自由業の従事者が41,269、商業・や交通業
　が67、625名で、その他の444,475に次いで商業や交通業に従事者が多いことが
　わかる。朝鮮語会話書の出版目的と変化と在朝日本人の職業の関連も念頭に
　いれて考える必要がある。
11) <表4>では付けた整理番号のうち、年号を意味する[M]を省略する。

朝鮮語会話書はもっぱら日本人のためのものであったのが、明治30年代に入り[M30-21]『韓語教科書』の例言に「韓人ニシテ日語ヲ学バントスル者ニモ亦均シク捷径タルヲ得ベシ」と述べているように、朝鮮人のための日本語会話書との機能も同時に担うものが増え始め、明治40年代には、各々[M40-8]『韓語五十日間独修』に「日語を知らざる韓人と韓語を知らざる日人とが直に対話し得可く如何なる用件も所理し得らるべき良書なり」、[M40-11]『日韓韓日言語集』に「日本人にして韓語を知り、韓国人にして日語を解するは、現代的必要の極めて切実なる者あるに於てをや」と日本と朝鮮の両国民のためのものが定着し、朝鮮の植民地化以降には同化政策により朝鮮語会話書が急減し朝鮮人のための日本語会話書が多数出版されるにいたる[12]。

5.　明治後期朝鮮語会話書の特徴

5.1.　内容とその性格

(1)　貿易と商業・売買のため

　貿易と商業は、明治期を貫く一貫した朝鮮語会話書の出版目的で、[M30-11]『実地応用日韓会話独習』緒言に「我国と朝鮮は隣合であるから、千年万年の後まで、商業の道に於て離れるに離れられぬものである。乃で如何しても朝鮮の言葉を学んで置かねばならぬ」と両国間の通商貿易の重要性について力説している。なお、明治前期の商業会話と

---

12)『独習日語正則』(明治40)、『日語会話』(明治41)、『日語大海』(明治44)、『精選日語通編』(明治44)、『日本語学音・語篇』(明治45)のような日本語会話書が出版される。

<図4> 貿易・商業のための朝鮮語会話書

は異なり、布木店、衣服店、雑貨店、食料店、煙草店、印刷店、陶器店、骨董店、洋靴店、什物店、時計店などでの様々な場面を想定した会話のやりとりなどを収録している。その言葉の特色として「海外通商の基礎は、相互関係の俗語を知るにあり、俗語は能く其の内秘を覚るの要素となる」([M30-16]『いろは引朝鮮語案内』)と次の用例のように実際に用いられる口語を重視していたようである。

○砂金ノ産地ハドコデスカ　砂金ハ平安咸鏡二道ガ重デス

([M30-24]p.112)[13]

○面白イ小説ガアリマスカ歴史小説と探偵小説ト孰レガ宜シウゴザイマスカ何処ノ出版デス英国デスカ米国デスカ　　　　([M40-4]p.402)

(2) 情勢の反映

　明治後期には日露戦争に関わる話題や朝鮮の社会的現象など当時の社会的情況が知られるものになっている。最も多いのは戦争についての話題であり、この時期には戦争への活用のためのものも多く[14]、これ

---

13) すべての会話書には朝鮮語対訳がなされているが、必要に応じて省略または掲載する。原本にルビが付されていない場合には本稿にも示されてない。ルビを付しているものは忠実に反映した。

らは「日露開戦し日韓協約成て韓語の必要益々迫れり時に(中略)出征の
軍属及事業渡韓者は固より時局に鑑み韓語を解せんと欲する士は須要欠
く可からざる」[15]というものである。明治20年代の日清戦争時には、
朝鮮語と中国語、日本語の3カ国語が同時に収録されていたものが、こ
の時期にロシア語、満州語の会話が加えられ、[M30-6]『日露清韓会話
自在法』・[M30-7]『対譯日露清韓會話 軍人商人必携』・[M30-10]『袖珍実
用満韓土語案内』・[M30-12]『日露清韓会話早まなび』・[M30-13]『日露清
韓会話自在』・[M30-28]『日韓清英露五国単語会話篇』のように、4カ国語
あるいは5カ国語のものが登場する。このようなことについて[M30-7]
『対訳日露清韓会話 軍人商人必携』には、「三ヶ国以上のものは、絶て
無いのである。然るに今回の時局は、名は日露の衝突といふが、其戦
争の地は、寧ろ清韓に於て開かれるのである、して見ると、この時局
について、最も必要なのは、日露清韓四国の会話と、其地図とである
ことは、今更いふまでもない」という記述から、これらは明らかに大
陸進出を念頭に置いて編纂していることが見てとれる。また、次のよ
うに日露戦争に関してのニュース、朝鮮の実情に関する用例が掲載さ

---

14) ただし、戦争への活用を目的とするものは[M30-2][M30-3][M30-6][M30-7][M30-10]
   [M30-11][M30-12][M30-13][M30-14][M30-18][M30-19][M30-22][M30-24][M30-27]
   [M30-28][M40-4][M40-6][M40-7]であるが、そのうち、[M30-2]『朝鮮語独修』と
   [M30-24]『日清韓会話』は明治27年に刊行された[M20-15]『旅行必用日韓清対話
   自在』・[M20-18]『朝鮮語学独案内』が手を加えないまま各々そのタイトルのみ
   換えて再刊されたものである。日清戦争時には、朝鮮語と中国語、日本語の3
   カ国語が同時に収録されていたが、この時期にはロシア語、満州語を加えた5
   カ国語の収録のものが増え、国際情勢との密接な関係が窺える。この時期の
   日本人にとって朝鮮語は貿易や戦争のための実用語学とでも呼べるような様
   相を呈しており、これを安藤彦太郎(1988)は「戦争語学」と呼んでいる。
15) [M30-25]『実用日韓会話独学』に掲載された[M30-3]『実用韓語学』の広告文である。

れている。

○호외는、아직、아니나왓쓰ᄃᆡ、졍디、뎐보를、ᄉᆞᄒᆞᆫ즉 일병이、어제、
바루빌을、졈량、허엿다ᄒᆞ니、인제 평화되기도、쓔일간이외다
号外ハ未ダ配達サレナイガ、戦地ノ電報ニ拠レバ、日本軍ガ昨日
吟爾賓ヲ占領シタト申スニヨリ最早平和モ近々ノ内デセウ
([M30-31]p.349)

○즉금 죠션셔 텬쥬학 ᄒᆞᄂᆞᆫ 사ᄅᆞᆷ이 적지 않습데다
今朝鮮で天主教に這入ってゐるものは中々少くはないやうです
([M40-5]p.352)

○죠션은。농업디인고로。 소수의상고와。 어민의애。 십샴도인민이。
거반。농부요。
朝鮮ハ。農業地デスカラ。少数ノ商估ヤ。漁民ノ外。十三道ノ
人民。概ネ。農夫デアリマス。 ([M40-13]p.181)

言語の面では[30-10]『実用袖満韓土語案内』に「本書ハ主トシテ満韓両地ニ於ケル軍隊行動ノ使ニ資センガ為メ特ニ軍事的着眼ヲ以テ編纂セリ、故ニ其目的ニ合スルモノト誤ムルノミヲ蒐集連結シ彼ノ麗語敬辞ノ如キハ一切之ヲ省ケリ」(凡例)と記してあるように、軍隊行動に重点を置いた命令、確認などの簡単な言い方が掲出されている。ただし、20年代の戦争への活用を目的とした会話書には常体の言い方のみであったのに対して、明治後期には、常体を含め、次のように「デアリマス・デス・マス」の敬体や「オ~ナサイ」のような比較的丁寧な言い方を収録したものが増加する。

○日本は島国で土地は狭くとも人の精神が違います
イルボーヌル。ソーミーラ。チーパーギー。チヨーパート。サーラム。チヨグシーニー。タルナーヨ ([M30-6]p.29)

＜図5＞情勢を反映している朝鮮語会話書

〇鳥嶺デアリマス 　　　　　　　　　　　　　　　　　　　　　（[M30-10]p.60）
〇あすの朝明るくなつてから御出なさい。
　ㄴ일來日 평명平明에 드러오오。 　　　　　　　　　　　　　（[M30-8]p.17）

(3) 日常生活に関わる話題

　初対面の挨拶から買い物や人との交際、召使いに対しての指示、人
とのトラブルと関連したやり取り、病院、理髪店、銭湯などで会話、
旅行、日本の慣習や文化など生活全般に関わる、実用的でバリエ-ショ
ンのある内容が盛り込まれている。その方針について、「会話ハ普通
実用ノ語ヲ選ビ単語ハ各般ニ渉リテ文ヲ掲以テ其応用ヲ広クセンコト」
（[M30-21]『韓語教科書』）、「日常必須の単語会語を集め誰れにても学び
易き務め」（[M30-9]『一週間韓語独り卒業』）、「実用に重きを置き、会話を
しゅとした」（[M30-22]『韓語独習誌』）と実生活における平易で実用的な会
話を中心にしていることを明らかにしている。次はその用例である。

〇横丁に今度新しい洗濯屋が出来ましたからあの店で一度洗はして見ま
　しやう
　　ヒョンチョンゲ イポン サイ バルチブ イトエヨ シ ニ コー エ ハンボンバルネチル シキヨ ボブセタ
　横町에今度新洗衣屋이되여시니其虛예一度洗질시켜見셰다
　　　　　　　　　　　　　　　　　　　　　　　　　　　（[M30-34]p.256）

○御風邪デゴザイマス御脈ヲ診察致シマスレバオ熱ガ少々ゴザイマス
감긔올시다맥을진찰ᄒᆞᆫ즉열긔가잇ᄉᆞᆸ니다　　　　　　　（[M40-4]p.318）

○静ニシテ下サイ、鬚ヲ剃リ掛ツテ居リマスカラ
가만히계십시오, 싹습니다　　　　　　　　　　　　　　（[M40-4]p.323）

○東京ハ繁華ニ、ゴザル 동경은번화ᄒᆞ외다　　　　　　（[M40-11]p.78）

○暑いカラ、温突ヲ、焚クナ
너무。 더우니。 온돌。 쩌지。 마라　　　　　　　　　（[M40-12]p.172）

○朝鮮婦人ハ。裸体ニナツテ居ルノヲ。見ルコトサヘ。忌ヤカリマス。
죠션부인은。 벗고잇는거슬。 보는것도。 시려ᄒᆞ오。　（[M40-13]p.108）

明治期全期を通して朝鮮語会話書に最も多用されているのは指示、許可、命令表現であり、それは会話書の出版と政治的背景が密接な関わりを持っているためであろう。ただ、命令の対象が変わり、明治前期の会話書には軍人が現地の人に物資調達や要求のための命令・指示表現が多かったのが、明治後期には会話の対象が雇用人や旅行先の宿屋の店主、給仕などになる。

○洗濯テ粘ヲ付ケヨ 쌀아셔풀먹여라　　　　　　　　　（[M40-9]p.247）
○飯ハ、軟カクナク、堅ク、炊ケ 밥은。 무르개。 짓지말고되。 개지여라。
　　　　　　　　　　　　　　　　　　　　　　　　　　（[M40-12]p.173）
○オイ、給仕、火ヲオクレ 이리오나라, 불을가져오나라 （[M40-4]p.215）

(4) 治安関係

[M30-4]『日韓通話捷径』序に、「韓国在留本邦人ノ年々増加スルニ伴ヒ日韓人関係ノ警察事務モ亦多端トナリ随テ当局者ガ韓語ニ通スルノ必要益々大ナルニ至レリ然ルニ其ノ職務上須要ノ韓語ヲ学ベキ会話書未ダ世ニ出デズ其職ニ居ル者常ニ以テ遺憾ト為ス著者多年当館附属警察署ニ奉職シ亦茲ニ見ル所アリ乃チ公務ノ余暇一般警察事務ニ関スル用語ヲ

<図6> 警察用の朝鮮語会話書『日韓通話捷径』

蒐集シ尚ホ普通語ヲ交ヘテ之ヲ公ニシ以テ当路者ニ資スル所アラント
ス」と記されており、朝鮮在留日本人の安全確保のため警察事務に朝鮮
語会話が必要となった事実が窺い知られる。治安のための会話書には
朝鮮人の苗字の一覧が附録として附いている[16]。文末に「デス」が用い
られ、また当為表現や禁止表現・要請の表現が多く用いられているの
が特徴である。その例を示すと下記の通りである。

○観兵式拝観ニオ出デスカ 열무ᄒ시ᄂ걸구경ᄎ로오셧소 ([M30-4]p.20)
○喫煙スルコトハイケマセヌ 담빗먹지마오 ([M30-4]p.77)
○規則通リニ届ケナサイ 법딧로고ᄒᄋᆞ오 ([M30-4]p.31)
○剛情張ルナ 고집셰지말아 ([M30-4]p.100)
○裁判官ハ賄賂ヲ受ケズシテ訴訟ヲ公平ニセネバナリマセヌ
　직판관은뇌물을밧지말코숑ᄉᆞ를공평되게ᄒᄋᆞ여야ᄒᆞ겟소 ([M40-9]p.362)

---

16) その目次も他の会話書とは異なり、「官衙・行幸・観兵式・出火場・銃猟・戸
　口調査・視察・街路・巡回中・変死者・挙動不審・犯人交付・拘留及差入・立
　会裁判・夜会・勤務・検証・被告逮捕・万姓会譜」と社会や警察の業務と関連
　付けたものに限られている。

＜図7＞鉄道従事者のための会話書『韓語会話』

(5) 鉄道や土地調査などの公共事業、公務

　[M30-5]『韓語会話』は「本書は元と韓国に於て鉄道に従事する日本人の実用に便する目的を以て編纂したるもの」で、鉄道や交通・通信に関わる会話が含まれており、主に朝鮮における鉄道業務に従事する者のための会話書である。[M40-13]『局員須知日鮮会話』には朝鮮総督府臨時土地調査局員の業務や心構え、病気欠勤届、看護及帰省、転居、改名などの庶務に関する会話、物品請求手続き、金銭請求及び領収手続きなどの会計に関する会話が収録されている。また、[M40-4]『韓日英新会話』のように税関・旅券検査・法律関連の内容の会話が含まれているものなど、公共事業や公務のためのものが目につく。

○荷物ハ、先ヅ、乗票ヲ買テカラ、オ預ケナサイ　짐은、면졉、승표를
　사셔、맛기시오　　　　　　　　　　　　　　　　　　([M30-5]p.43)
○此レ位ノ煙草デモ課税セラルノデスカ　요맛흔담빅에도셰를물으옵닛가
　　　　　　　　　　　　　　　　　　　　　　　　([M40-4]p.284)
○公務ノ為メ。止ヲ得ズ。遅参ニナツタ時ハ。監督者ノ。証明ヲ添ヘテ。出セバ。遅参ニナリマセン。

<ruby>공무로<rt>コングムーロ</rt></ruby><ruby>ᄒᆞ야<rt>ハヤ</rt></ruby>。 <ruby>부득이<rt>ブツクギ</rt></ruby>。 <ruby>지참이된ᄸᆞ는<rt>チチアーミ トインタエスン</rt></ruby>。 <ruby>감독쟈의<rt>カムトクチヤーウイ</rt></ruby>。 <ruby>증명을 븟쳐셔<rt>チングミヨングルブツツチヨソ</rt></ruby>。 <ruby>제츌<rt>チエーチュル</rt></ruby>
<ruby>ᄒᆞ면<rt>ハミヨン</rt></ruby>。 <ruby>지참이아니되오<rt>チチアーミ アニ トイオ</rt></ruby>。　　　　　　　　　　　　　　　([M40-13]p.116)

○<ruby>総裁迄ノ<rt>ソウサイマデ</rt></ruby>。<ruby>御決裁ガ済<rt>ゴケツサイ ス</rt></ruby>ミマシタラ。<ruby>庶務課ノ文書掛<rt>ショムクワ ブンシヨガカリ</rt></ruby>へ。<ruby>御廻<rt>オマワ</rt></ruby>シナサ
イ。 <ruby>홍직ᄭᅥ지<rt>チヨンチキー カヂ</rt></ruby>。 <ruby>결직ᄒᆞ셧거든<rt>キヨルチエーハソツコーツン</rt></ruby>。 <ruby>셔무과<rt>スームークワ</rt></ruby>。 <ruby>문셔계로<rt>ムンソケーロ</rt></ruby>。 <ruby>돌녀<rt>トルリヨー</rt></ruby>。 <ruby>보닉시요<rt>ボネショ</rt></ruby>。
　　　　　　　　　　　　　　　　　　　　　　　　　　　　([M40-13]p.72)

(6) 朝鮮への移住

　当時の朝鮮の立地的条件と移住の理由について「大日本帝国の側面に
突出して大陸と我国とを連結する(殆んど)要害を占むるものは韓半島
で、韓半島は我邦保障の要地に当り我国権の消長に大関係あるのみで
なく、東洋の安危に大関係を有する一大埠頭であるのです、故に世人
が藩塀と曰ひ、大陸との緩衝地と称し、東洋のバルカン半島と誇称す
るのは至当と曰はんければなりませぬ、余は更に韓半島は我の膨張張
増加しつつある人口の緩和地である即ち韓国は膨張的同胞の移住に最
も適する地であると申し度いです。(中略)韓国は我国に最も近く交通
機関も完備(殆んど)して便利でもあり、言文共に相似て通じ易く、生
活も相類して居る(中略)韓国の気候は温和で我関東の北部より甚しから
ず、山河は奇麗で、地味は肥沃で、人口は比較的希薄で(一大宝庫)海陸
の物産が豊富で饒多であるからである」([M30-20]『韓語独習通信誌』序)
とし、「我邦人が内地形勝の地に移住して諸種の事業に従事するもの
益々多きを加ふるや瞭なり而して其為すべき事業施すべきの経営は
種々あるべしと雖も広漠たる半島の原野を耕作し盛んに其遺利を開拓
し似て其幼稚なる農業の改良を図るが如きは最も賭易くして且つ最も
有利なる事業なる」([M30-17]『韓国農事案内(農事通用韓語)』自叙)と述べ
日本人の朝鮮への移住を勧めている[17]。

＜図8＞朝鮮移住者のための会話書

　この移民者のための作られたこれらの書には、朝鮮への移住のための手引きで朝鮮の位置・人口・風俗・交通・通貨といった基本情報から、通関手続き、朝鮮の金融機関および金利、朝鮮での有望な事業、土地の占有方法、朝鮮から日本に輸入する品目にいたるまで、朝鮮への定着のための事柄全般について解説がなされている、いわゆる日本人のための朝鮮生活のガイドブックである。朝鮮語会話はそのの附録として最も生活に必要な最低限のものが収録されている。したがって分量も少なく、日常生活で最小限必要とする単語[18]や短い語句が中心となっている。

　　○家ヲ貸テクレ（イチピーピルリヨーラ）　　　　　　　　　　　（[M30-15]p.11）
　　○高価過ギル（マイウーピツサヨ）　　　　　　　　　　　　　　（[M30-15]p.11）
　　○御買なさい（サーシーヨ）　　　　　　　　　　　　　　　　　　（[M30-17]p.110）

---

17) 明治40年代には、朝鮮の「日本化」のために、のちの満州移民と同様に計画的に送り込まれた、東洋拓殖の募集移民が多かったという。
18) 「医者ウイムオン・父 プツチン・風 ナラム・便所 ヅイカン・醤油 カンヂャク・馬鹿者 ウーチャー・悧巧者 イームクル 馬鹿者 ウーチャー」（[M30-15]p.11~12）

(7) その他の内容

　その他にも教育、近代の文物に関する話題、朝鮮の文化、風俗、慣習、日本についての話題など、多岐にわたる内容が会話の題材として盛り込まれている。明治前期の会話書には朝鮮の風土、風習、慣習など[19]の話題が扱われていたのに対して、後期のものには日本語を学習する朝鮮人を意識したためか日本についての話題が増えてくる傾向にある。

　　　○京城ノ南大門ハ美麗デ御座ル。비가、올모양이니、얼핏、갑시다。
　　　　　　　　　　　　　　　　　　　　　　　　　　　　　　([M30-4]p.84)
　　　○食堂車ガツイテキマスカ　식당차를다랏슴닛가　　　([M40-2]p.269)
　　　○私等の国のやうに辛らい食物を好む処はありますまい　　([M40-4]p.354)
　　　○近頃ハ処々ニ学校ガ設ケラレマシタ　　　　　　　　　　　([M40-9])
　　　○東宮ハ世子ヲサシテ云ヒマス　　　　　　　　　　　([M40-11]p.21)
　　　○朝鮮婦人ハ。裸体ニナツテ居ルノヲ。見ルコトサヘ。忌ヤカリマス。
　　　　　　　　　　　　　　　　　　　　　　　　　　　([M40-13]p.108)
　　　○朝鮮ハ。農業地デスカラ。少数ノ商估ヤ。漁民ノ外。十三道ノ人民。
　　　　概ネ。農夫デアリマス。　　　　　　　　　　　　　([M40-13]p.181)
　　　○東京ハ繁華ニ、ゴザル　　　　　　　　　　　　　　([M40-9]p.78)
　　　○日本ノ刀ガ好シイ　　　　　　　　　　　　　　　　([M40-9]p.110)

　語彙にも近代文物、教育、宗教関連などのものが多く、当時の文化研究や語彙資料としての活用も期待できる。そして、人と関連した語彙が多いが、その中には身体の障害や性格に係る所謂差別語が散見できる。

---

19)　[M40-4]『韓日英新会話』(明治42)の巻末『韓国風俗人情記』の広告文に、「韓国を知らんとせば先づ其人情風俗を知らざるべからず」という文句が載ってあり、朝鮮の風俗についての知識習得の重要性を強調している。

○神道・儒教・天主教・耶蘇新教・女神・基督　　　　　　　　　　　　　([M40-4])

○帝国大学・文科大学・理科大学・工科大学・商業学校・専門学校・
女学校・陸軍士官学校・師範学校　　　　　　　　　　　　　　　　　([M40-4])

○通列車・旅行券・電信線・電信局・電報紙・電気鉄道　　　　　　　([M40-7])

○盲人・メクラ・ドモリ・近眼者・痴漢・罪人・貧乏人・愚者・熱心家・
乱暴者・浮浪者　　　　　　　　　　　　　　　　　　　　　　　　　([M40-4])

5.2. 構成

　明治前期の会話書には、諺文(ハングル)を示さず語彙と会話の用例の
み掲出している会話書が多かったが、明治後期における会話書には文
字・綴り・発音の仕方などを掲出するものが増え、その中には[30-5]
『韓語会話』、[30-31]『日韓言語合璧』などのように、顎と舌の位置、口
の開き具合などの挿絵や解説を加えているものもあり、会話書として
発展した形態を見せる。

　また、明治前期には語彙部と会話部が分かれている会話書が多かっ
たのに対して、後期には先ず語彙を示しその語彙を入れた会話文を掲
出するものが増える。会話の用例に用いられた語法や語彙について詳
しい解説を付け加えたもの[20]も多数あり、前期のものより発展した形
になる。

　明治後期の会話書には語彙部と会話部が分かれている会話書より
は、先ず語彙を示しその語彙を入れた会話文を掲出するものが増加
し、会話の用例に用いられた語法や語彙について詳しい解説が付け加

20)「単語ハ、孰レモ部門ヲ分ツテ、之ヲ類聚スト雖モ、一語ニシテ、両部ニ跨リ、
而モ其孰レニ重キヲ措クヤ、相軒輊シ難キモノナキニアラス。是等ハ、単ニ
編者ノ管見ヲ以テ、其部門ニ編メタリ。故ニ読者、若シ自己ノ思料スル部門
ニ就テ之ヲ捜索シ、其之アラササルトキハ、更ニ他ノ類似ノ部門ニ就テ、之
ヲ捜索セラレンコトヲ望ム。」([M40-12]凡例)

られている[21]。また、部門別、類聚別の会話の用例文を並べたもの、場面別、テーマ別に分けて問答式の形式をとるものや、簡単な短文から順次長文になるようにして難易度を調整した構成をとるものなど、学習の効果の向上をねらった多彩な形式をとっている。

　なお、天文・地理・時令・植物などの類聚形式の『交隣須知』の系統をひいた部立てに宗教・建築物・会社及製造所・学校・法律などの近代社会を反映した新たな部門を追加したものがいまだ主流をなすが、その他にも引きやすさを重視したいろは順のもの(五十音順・イロハ順[22])、ABC順のものなどが現われる。それまで主流をなしていた部門

---

21) [M40-11]『日韓韓日言語集』には、文法について「総テ語学ヲナス人ハ、先ヅ文法ヲ、知ルコトガ、緊要デアリマス、例エバ、大工ガ、家ヲ作ルトキ、柱桁、棟、梁ト、数多ノ、材木ガアル処ニ、一々其材木ニ番号ヲ付テ置キ、図板ヲ見テ此柱ハ、彼角ニ立テヨ、其柱ハ、此真中ニ立テヨ、ト云フガ如ク、許多ノ、言語ヲ分明ニ知ル、法デアリマス、若シ大工ガ、図板ガナク、又其材木ニ、番号ガナケレバ、如何ニシテ家ヲ作リマセウカ、語学ノ文法モ、丁度、其材木ニ付タ、番号ト、同ジコトデアリマス」(p.158)と述べ、語学学習は大工が家を建てることと同じで、語学の文法は家を建てるための木材と同じものとたとえている。なお、[M30-30]『日韓韓日新会話』にも文字、動詞の活用、助詞、接続詞、副詞、そして短語といって短い文章を示し、同じ語句や文章の反復練習ができるようになって、最後に会話の用例が示されている。

22) [M40-9]『韓語学大全』凡例には「(イロハ)節用ノ引法ハ己ガ放話セント欲スル言語ノ頭音ニ依リ釈択スルモノナリ例ヘバ(今日ハ何日デスカ)ノ如キハ即チ頭音(コ)ナリ由テコノ部ヨリ之ヲ引キ(彼処ニオ出デデスカ)即チ頭音(ア)トナレバ依リテトノ部ヨリ之ヲ引ク又タ(オ気ノ毒デス)ノ如キハオノ部或ハキノ部ニナルト知ル可シ是レ(オ)ナル尊称ノ有無ニ依リテ語調ノ変化セン事ヲ恐レタルガ故ナリ以下是レニ倣フ可シ」とあり、また[M30-16]『いろは引朝鮮語案内』にも、「数限りのないほど、夥多の朝鮮語を連列て、其の読音の順に由り、いろは引きに為たのであるから、誰でも銘々望みの言語を、自由自在に発見することが出来る、夫故また此次には、別に問答会話となるやうに、極々愉快い朝鮮語を記述てくる」とイロハ順による配列の長所についての記述がなされている。

別に単語を分けて覚えるという方法は、外国語を学習する際には便利
な方法である。しかし、通常、個別の単語の意味を参照したいときに
は不便なところがあり、いろは順や五十音順、あるいはアルファベッ
ト順に単語を並べ、辞書としても活用できるようにその体裁が整えら
るようになる。

　[M30-9]『一週間速成韓語独り卒業』・[M30-19]『日韓会話三十日間速成』・
[M30-34]『六十日間卒業日韓会話独修』や[M40-8]『韓語五十日間独修(習)』
などは、題名でもわかるよう学習期間を設定し朝鮮語が習得できるよ
う構成されたもので、この類のものは、「極メテ短日月ノ間ニ邦人ヲ
シテ韓語ノ大体ニ通暁セシメ」([M30-19]『日韓会話三十日間速成』例言)
と速成で朝鮮語を習得することに重点を置いたものも存する。そし
て、文法の解説、同じ文型の反復練習や練習問題を取り入れたもの、
[M40-11]『日韓韓日言語集』のような両国語の対照など、明治前期に比し
学習者にとっての利便性や効率的学習にに配慮した、応用力の伸長を
考慮した多様な構成がなされている。

○Are you not very busy? 貴君ハ左様ニ忙ガシクアリマセンカ
　　로형은 그러케분주치만습닛가　　　　　　　　([M40-4]p. 353)
○Both are good. 両方共善イ
　　량편이다둣다　　　　　　　　　　　　　　　([M40-4]p.355)
○Concider it well. ヨク考ヘテ御覧ナサイ
　　찰싱각ᄒ여보시오　　　　　　　　　　　　　([M40-4]p.356)
○Do as you please. イイ様ニシナサイ
　　둣토록ᄒ시오　　　　　　　　　　　　　　　([M40-4]p.357)
○見なさい。보오(ポオ) 星を見なさい。별을보오(ピョールポオ)　火を見
　　よ。불을보왓라(プールポワツラー)　見へますか。보잇나(ポイッナー)
　　家を見へます。집도보잇다(チプトポインダ)　見へません。안보잇다(ア

ンポインダ) 一人も見えません。 혼사룸도안보잇다(ハンサラムトアン

ポインダー) ([M40-7]p.146)

明治後期における会話書の判型や頁数は、前期のものより大きさや
分量が増加する傾向にあり[23]、こういった傾向は内容や構成、語学的
な整備とほぼ足並みを揃えている。つまり、時代が進むにつれて朝鮮
語会話書はより充実した構成および内容を備えてきたことを物語って
おり、その背景には、朝鮮語会話書に対する要求の変化、研究者たち
の研究実績の積み上げと、それに伴う日本人側の語学力の向上、語学
書としてより充実したものを求める意識や意欲があったことを物語っ
ている。

5.3. 表記と句読点

明治期朝鮮語会話書における文字表記は、①ハングルに仮名のルビ
をつけたもの、②ハングルがまったく用いられない仮名のみのもの、
に分けられる。明治初期のものには、②のようにハングルがまったく
掲載されていない会話書や日本語自体が不自然なものさえあったが、
明治後期には、1章の＜表1＞でわかるように大幅に減少している[24]。
＜表3＞で＊印が明治後期になっても依然として付いていない②の場
合は、「朝鮮諺文を挟む筈なりしも活字不揃の為め一躓し之を木版に起

---

23) 戦争への活用のためのものは携帯しやすい小型のものが多く、ページ数も100ペー
ジ内外であった。
24) [30-12]『日露韓清会話早ななび』には、「本邦字を記すには漢字交じりをなし、露
語を記すには片仮(ママ)のゴヂツクを以て清語は平仮名、韓語は片仮名を用ひ
以て其区別を一目明瞭たり」と各国語別に表記を使い分けている場合も見受け
られる。日 有難うございます / 露 ポコールノ。ブラゴラリユ / 清 うをはう
しやしやにい / 韓 カムサーハオ([M30-12]p.126)

さんか時日遷延の恐れあり故を以て之を省くこととせり」([30-6]『日露清韓会話自在法』例言)と戦争への活用に間に合わせるため時間の制約があったと推察される。

　ハングル発音を日本語表記によって表す[25]にあたっては、「朝鮮語ハ発音最モ難渋ナルモノアリテ、我カ仮名ヲ以テ表示シ難キモノアレハ」([M40-12]『朝鮮語会話独習』)と正確に表記することの難しさを述べている。これに対して[M30-14]『日韓会話独習』や[M40-12]『朝鮮語会話独習』のように明治20年代の会話書の表し方を受け継いでいるものもあれば[26]、[M30-22]『韓語独習誌』のように「「パイク」「ペク」(百)は「ペク」を採り、「ハイ」「ヘ-」(日)は「ヘ-」を取り、「マイ」「メ-」(毎)は「メ-」を採用して「メ-」と発音すれば韓人に通じ易い」と朝鮮語に近い形で比較的通用し易くするため心がけているものも見受ける。

　次いで朝鮮語会話書における句読点について述べる。明治10年代には句読点が全くついていなかったのが、20年代に入り読点だけを付けるようになり、明治30年代以後には「諺文又ハ片仮名ノ右方ニ付セシ点

---

25)「発音ハ仮名ヲ附シテ初学者ノ独習ニ便スト雖モ成ルヘク韓人ニ接シ実地ニ活用シテ其音ヲ正サレンコトヲ希望ス」([M30-3]『実用韓語学』) /「何レノ邦国ヲ問ハズ言語ナルモノハ其国固有ノ発音アリ筆端ヲ以テ予メ律スベキモノニアラズ之ヲ以テ諺文ノ如キモ強テ傍訓ヲ訂サント欲セバ却テ自然ノ発音ヲ現ハシ得ザルノ恐レアリ故ニ諺文ニ依ラズ傍訓ヲ施シタルノ個所亦タ甚ダ尠カラズ此等ノ取捨及本書ノ欠点ニ至リテハ」([M30-4]『日韓通話捷径』) /「会話ニモ一々振仮名ヲ附ケマシタケレドモ迚モ適当ナル仮名ハ附ケラレマセンカラ能ク発音ノ部等トモ対照シテ研究ナサイ」([M30-5]『韓語会話』)

26)「朝鮮語ノ読み方ヲ例示スルニ、我邦ノ仮名ヲ以テシテハ、之ヲ完全無欠ニ表示スルコト　能ハサルモノ尠ナカラス。即チ本書ノ傍訓ニアル所ノ「ガ゚キ゚ク゚ケ゚コ゚」ノ如キ、将タ「タ゚チ゚ツ゚」ノ如キ是ナリ。而シ是等ノ仮名ニ「゚」ヲ附加シタルモノハ、孰レモ「ガギグゲコ」ト「カキクケコ」トノ中間音、又「ダヂヅ」ハ、「タチツ」ト「ダヂヅ」トノ中間音ヲ以テ発音スヘキ類ナリ」とある。

ハ初学者ヲシテ読解シ易カラシメン為メ付セシモノナレバ熟視シテ其
語句ヲ知覚スル事緊要ナリ」([M40-9]『韓語学大全』凡例)と述べている。
また、[M40-12]『朝鮮語会話独習』の凡例には下記のようにその具体例
を挙げ、詳説がなされている。

> 「本書記載スル処ノ我国語ニ「、」ヲ加ヘ、朝鮮語ニ「。」ヲ加ヘテ、之カ
> 区域ヲ分テリ。是ハ初学者ヲシテ、我国語ト、彼ノ国語ト相対照シテ以
> テ、之ヲ智得シ易カラシメンコトヲ欲シタレハナリ。今其一例ヲ挙クレ
> ハ、左ノ如シ。
> (一)御覧ナサイ、(二)商船ガ、(三)幾艘モ、(四)居リマス。
> 此日本語ヲ、朝鮮語ニ訳スルトキハ、
> (一)보시요。ポシーヨ (二)장스빈가。チャクサーパイカー (三)여러척。
> イョーラーチョク(四)잇지요。イッチヨ
> 即チ斯ノ如クナルヲ以テ、我国語ニ附セル「、」ト彼邦語ニ附セル「。」ト
> 其順序ヲ対照スルトキハ、一句コトニ其如何ヲ知得スルコトヲ得ン。」

このように、文章の理解などのため句点と読点、両方をつけるもの
が増加し、疑問符の使用もみられる。しかし、句点と読点の区別がな
されてないなど、過渡期的様相を呈している。

> ○事務を、止メテハ、行くコトハ出来マセン
> 　　수무를、그만두고는、가지못ㅎ、오(サムルヽクマヌツコカチモツハオ)
> 　　　　　　　　　　　　　　　　　　　　　　　　　　　　　　([M30-5]p.163)
> ○天気が、よいです、　ナーリー、チヨツソ　　　　　([M30-20]p.79)
> ○吾々ノ家ニハ鼠ガ多イ　잡을슈가없지요　　　　　([M30-34]p.134)
> ○酒肴ガ何ニモナク、御気の毒デ御座イマス。
> 　　술안쥬、업지니、붓그럽소。　スルアンヂイウオプシニー、ブクツロプ
> 　　ソー(술안쥬가、업소、미은、ㅎ오　スルアンヂウカオプソミアンハオ)
> 　　　　　　　　　　　　　　　　　　　　　　　　　　　　　　([M40-9]p.65)

○冬ハイツモ寒クテ薪炭ノ必用ニハ困リマス

겨울은믹양치위셔시졍이국난이요　キヨウルウンマヘケケクチウソシイ

クヤンニヨ
([M40-9]p.230)

6. 朝鮮語会話書における日本語

6.1. 編著者と出版地

　明治前期の朝鮮語会話書においては日本人によるものが大部分で
あったが、明治後期には＜表3＞の一覧でみるように日本人と朝鮮人と
の共著や朝鮮人の校閲を経たものが増加する。会話書の著者について
は不明なところも多いが、何らかの事情で長期間朝鮮に在住し、そこ
で実践的に朝鮮語を身につけた人々の著作が殆どである。島井浩、松
岡馨、金島苔水、広野韓山、前間恭作のように同一の著者が類似の内
容の会話書を何種類も出版する場合も少なくない。

　彼らは高度の語学力を持っており、朝鮮語対訳もかなり正確なもの
で、言い方も日本語と同様、相当教養のある言い方になっている。そ
れは、多くの著者は京城、釜山、仁川などに長年在住し、教養ある階
層を接触したため、彼らの言葉遣いを直接学習し、それが会話書に反
映されたものとみられる[27]。

---

27) [M30-1]『実地応用朝鮮語独学書』の編著者である弓場重栄は東京市下谷区の徒町
　　の士族で出版当時朝鮮の仁川港に在留、共者著の内藤健は、新潟の士族で当
　　時朝鮮の釜山浦に在留していたと奥付に記録されている。その校正に当たっ
　　た沈能益は、在釜山の公立韓語夜学校嘱託教師であった。両氏は、朝鮮に明
　　治20年から8年間在住していながら、その間、朝鮮語速成科で朝鮮語を勉強
　　し、当時役人である対馬出身の國分哲氏とともに仙石技師の一行を随行して
　　鉄道敷設調査の通訳官として京城に行き、明治28年の2月に一時釜山に帰った

朝鮮語会話書の出版地は、明治前期には、東京、大阪、山口、長崎、金沢、熊本、仙台、香川などに分散していたが、後期には、東京、大阪、京城の3か所に集中するようになる。なお、出版地や著者の出身地によって、動詞の音便や二段活用動詞の用例など、終助詞「ヤ」の使用、ハ行動詞のウ音便、二段活用のように地域性が感じられる用例を掲出している場合がある。

○門　我れと一所に来れ(ナル、タラーヲナラ)
　答　宜しゆう御座います(チヨツソ)　　　　　　　　　　([M30-25]p.74)
○誰れじや　ヅークー、ニヤー　[M30-24] p.78
○学校ニ通ウテ居ルト云ヒマス
　학교에、 된긴다허오　　　　　　　　　　　　　　　　　　([M30-25]p.111)
　ハクキヨオイタインキンターホオ　[M30-25] p.111
○監司ハ一道ヲ治ムル官職デスカラ政事ヲヨクスレバ百姓共ガ怨ミマセン
　감ᄉ는、 일도를、 다시리는벼슬이니정ᄉ를、 빅셩들이、 원망을아니홉늬다
　カムサヌンイルトルルタシリヌンピヨスーリーニチヨンクサルルチヤルホミヨンペイクシヨンクヅーリーアニハプヌイター　　　([M30-24]p.168)
○此レ位ノ烟草デモ課税セラルノデスカ
　요맛흔담빅에도세를들으옵닛가　　　　　　　　　　　　([M40-9]p.284)

　一方、[M30-26]『対訳日韓会話捷径』例言には、「初学者ニ諺文ノ発音ヲ教ユルガ為メニ行文難解ニシテ倦ミ易キ迂策ヲ取ラズ勉メテ多趣味ニ発音的知能ヲ養成セシメンガ為メニ言文一致体ヲ採レリ」といった言文一致に関しての言及や[M30-8]『校訂交隣須知』の「原本の最も非難を受

という記述が緒言にある。[M30-9]『一週間速成韓語独り卒業』の編者阿部正尹について、叙に「編者は紅顔の一美少年、永久朝鮮に在り、大に語を能くす、編者感ずる所ありて此の冊子を公けにせんとす」と述べている。

くる所は、措辞の意義をなさゞるもの、方言、又は謬りたる字句の多きが為め課本たるに堪へさる点にありしが故に、余輩校正の第一義は此等を改竄し修正する」と方言を意識して改変したことを記したものもある[28]。

さらに、[M40-11]『日韓韓日言語集』の凡例には、「語格ニ正格アリ訛格アリ而シテ正格ハ専ラ文章ノ上ニ用ヰラレ訛格ハ日常談話ノ間ニ行ハル又言語ニ雅言アリ俗語アリ而シテ雅言ハ専ラ詠歌ニ用ヰ俗語ハ俚謡又ハ日常談咲応酬ノ間ニ行ハルル故ニ此書ハ訛俗ニ従ヒ通語ヲ専要トセリ今初学ノ為メニ二三ノ例ヲ挙ケテ正訛ノ区別ヲ示スコト左ノ如シ」と記し、正格が「洗フナ・渡(ワタ)リテ往(ユ)く・二月(ニグワツ)」であるのに対して訛格は「洗ウナ・渡ツテ往(イ)ク・二月(ニガツ)」と掲げており、特定の表現を排除しようとする言語意識が察知できる[29]。

6.2. 対訳の性格

朝鮮語会話書の対訳は、①日本語が先に示され朝鮮語でその上下左右に対訳が行われる場合、②朝鮮語が先、日本語がその対訳となる場合、③日本語が示され、その振り仮名のようにすぐ隣に朝鮮語の対訳が示される場合の三つの類型があり、いずれも日本語と朝鮮語が一対一で対応する「対訳」形式をとっている。特に、朝鮮語と日本語は語順

---

28) 拙稿(2005)参照。
29) 『朝鮮総督府統計年報』によると、大正1年(1912)当時の在朝日本人の出身地方は、山口(26,026人)・福岡(20,469)・長崎(18,909)・広島(16,177)・大分(12,176)・熊本(11,927)・佐賀(10,141)・岡山(9,050)・愛媛(8, 046)・大阪(7,606)・鹿児島(6,701)と九州一部と中国、四国西部、商人や役員の出身地とみられる大都市の順で並べられている。つまり、朝鮮語会話書における日本語は、標準語を意識した言葉づかいではあるものの、それに北九州を含め西の方言が混ざっているものであるという現象が見られる所以である。

が同じであるので、その対訳はほぼ一致に近いものである。ところが、浜田氏が「両言語の間に、しばしば相互干渉が生じて、「変な」日本語、「変な」朝鮮語となることがある」と述べているように、両言語の間にずれや誤訳、また所々に不自然なところがあることも事実であり、例えば、下記の用例のような、朝鮮語の直訳や語彙の意味の間違いによる不自然な日本語や自他動詞の混同される[30]。

○私ノ仕事ノ事状ハオカシクテ気ガフサガリマス

　넌일된 々상은우습고도그가막게　　　　　　　　　　([M30-29]増補p.16)

○茶^{チャ}ガ入^{イリ}マシタ　차가 되엿습니다　　　　　　　　([M40-4]p.222)

○馬鹿ミマシタ　욕보앗소 [31]　　　　　　　　　　　　([M40-9]p.109)

○霜ガ沢山降^{フリ}テ日^ヒガ寒ク、ゴザル　서리가만히와셔날이칩습니다　ソリカ
マヌヒワソナルリチプサプネタ　　　　　　　　　　　　([M40-11]p.55)

○霧^{キリ}ガ、カケタ　안개가 세엿다　アヌケカキヨシタ　　　([M40-11]p.64)

○蚤^{ノミ}ガクフテ寝ラレ、マセヌ　베록이물너셔잠을자지못ㅎ옵니다
ピヨロクイムルロソチヤムウルチヤチモツハオブネタ　　([M40-11]p.66)

○鱈^{タラ}ハ味^{アヂ}ガ、ナイ　대구어는무미ㅎ다　テオヌムミハタ　([M40-11]p.67)

しかし、それは明治前期のものより大幅に減少する。その原因として編著者の語学能力の増大、日本・朝鮮の両言語に熟達した編著者らの共同作業や、「本書ニ載スル処ノ会話ハ日本語ヨリ直訳シタルガ如キ語句及韓音ヲ以テ漢字ノ字音ヲ附シタル如キ六ケ敷文句ハ可成コレヲ避

---

30) [M40-11]『日韓韓日言語集』は、上巻は朝鮮の人が下巻は日本人が書いている。朝鮮語の直訳から不自然な日本語になっている用例は上巻に集中しているなど、編著者が朝鮮人の場合や日本人の編著者でも朝鮮語を直訳した場合には不自然な日本語になる傾向がある。

31)「大変な目にあいました」または「侮辱されました」という意味で、同会話書に「ヲケマシタ　욕보앗습니다」(p.218)という用例もある。

ケ努メテ固有ノ語体ヲ用ヰシヲ以テ或ハ日本語ノ解訳ハ不穏当ナル所モアランコレ等ハ研究ヲ積ムニ従ヒソノ妙味ヲ解スルノ時アルベシ」（[M30-32]『韓語正規』例言）と明らかにしているように、語句や漢語の不自然な直訳を避け自国の事情に合う意訳にするという対訳態度を取ったことに因する[32]。例えば、[M30-26]『対訳日韓会話捷径』の例言では「漢字音ヲ知ラシムル為メニ동뇌(トングネー)ヲ(洞内・町マチ)ト쥬막(チユウマク)ヲ(酒幕・宿屋ヤドヤ)ト믈졍(ムルチヨング)ヲ(物情・事情ジジョ-)ト訳セル」という具合で、日本に用いない漢字は適宜日本で用いられる漢字にする場合や次の用例のように朝鮮漢字音をそのまま用い、その読みを日本語で振り仮名を振っている場合もあり、両国の漢語の用法の差異についてみられる資料[33]ともなる。

　　○至今下デ日本ガ第一強国デムイマス　　　　　　　　（[M30-25]p.106）
　　○待接ガ、善クナクテ、未安デス　　　　　　　　　　（[M40-1]p.68）
　　○沈菜ガ御好キデ御座イマスカ　김치가、됴소。　　　　（[M40-1]p.66）
　　○春府長ハ、健康、宜シウゴザイマスカ　　　　　　　（[M40-1]p.62）

---

32) [M40-12]『朝鮮語会話独習』凡例に「本書ノ単語ハ、我国人カ、朝鮮語ヲ修メン知得シ易カラシメンカラ為、彼ノ諺文ヲ基礎トシテ、之ヲ組成シタルモノナキニアラス。故ニ悉ク皆、彼国ニ具備スルモノト認ムレハ、或ハ誤謬ヲ生スルコトナキヲ保セス。然レトモ其稍相似タルモノノミナレハ蓋シ小異アルニ過キサルヘシ。是等ノ類ニ至リテハ、或ヒハ妥当ナラサルモノノナキヲ免レス。不肖浅学短智識ノ致ス所、幸二大方博雅ノ君子、教示ヲ垂レ給ハラハ、特、編者ノ幸福ト光栄トヲ得ルノミナラス又以テ社会ヲナスコト、蓋シ鮮少マラサラン」とその対訳の方針を明らかにしている。

33) [M30-16]『いろは引朝鮮語案内』には「売買」という漢語について「呉音で（マイマイ）と読むのであるが、朝鮮でもそのまゝに（マイマイ）と云ふて居る、ちやうど日本で漢音の奉行（ほうかう）を呉音の（ぶぎやう）と読むことに為てあるのと同じ次第である」と両国の差異について述べている。

6.3. 口頭語の反映

　明治30年代・40年代の朝鮮語会話書は、その日本語にも副詞や擬声語、修飾語、縮約、終助詞を豊富に使った、当時の口頭語を反映した多様な表現や語形が現われている。また、明治前期の会話書が出版目的に合う語彙や短文を覚えて自分の意思を伝えるのが主な目的であったのに対して、「応接ノ部ヲ設ケタレバ言語ノ楷級ヲ知悉シ貴賎ニ応対スル用語ヲ弁別シ而シテ礼ヲ失セザル様注意ス可シ会話編ニ至リテハ其本文ト対照シテ宜シク転換活用ヲ試ミ臨機之ガ応用ヲ勉ム可シ」([M40-9]『韓語学大全』）と明治後期には待遇表現の場面による使い分けなどに配慮し円滑なコミュニケ-ションに重点を置いている[34)]。

　　○餘り議論をしないでもうおよしなさい。
　　　논박論駁을 너모 말고。그만 두시오。　　　　　　([M30-8]p.269)
　　○大便は何処にしますか <u>スートク</u>゚ オーテー　ハツソー　　([M30-9]p.28)

　　○<u>行タ</u>トテ、シカタガナイ　간들 홀슈업다 カンヅルハルスオプタ
　　　　　　　　　　　　　　　　　　　　　　　　　　　([M30-30]p.41)
　　○<u>立派</u>デハナイガネー、<u>洋服</u>デナケリヤ<u>不可</u>ナイト<u>云</u>ウカラ、<u>仕方</u>ナシニ<u>製</u>ッタノヨ
　　　홀늉홀것은없스나양복이아니면안된다ᄒᆞᆫ고로할슈업시、지엿다
　　　　　　　　　　　　　　　　　　　　　　　　　　　([M30-33]p.23下)

---

34) 命令の表現も、[M40-11]『日韓韓日言語集』(p.168)に「命令トハ、人ノ上下ニ論ナク、総テ、事ヲ指揮スル詞デ、アリマス、然ナガラ、上流ノ人ニ対シテハ、希求言、ト云フガ、当然デアリマス」とあり、直接な命令形は減り、「~てください」「お＋連用形」「命令形＋終助詞」など、多様になる。これを[M30-3]『実用韓語学』では「命令表現を希求的ものと命令的ものに分類し、①希求的：お~なさい、~なさいませ、②命令的：動詞の連用形、動詞の命令形、動詞の命令形＋終助詞(ヨ)」(p.33)としている。

○再ビ考ヘマスト彼ノ事ハ出来ナイデセウ
다시、싱각ᄒ건듸、그일이、아니되깃소
タシセンガクハコンデクーイリーアニテイケツソ　　　　　　　　([M40-8]p.164)

　会話書には朝鮮語と日本語を比較して解説を行ったものがある。た
とえは、[M30-3]『実用韓語学』に「日本ニテハ我カ父母ヲ呼テ「オヤヂ」
トカ「オトッサン」トカ「オッカサン」トカ称スレトモ、朝鮮ニテハ吾カ
父母ヲ指シテ「オチチサマ」「オハハサマ」ト敬語ヲ用キテ他人ノ父母ト
同様ニ尊敬スルコトナリ」、[M30-33]『独習新案日韓対話』に「「ゴザリマ
ス」に「リ」は多く「イ」に発音され「ゴザイマス」にする。ところが、正
しいの、「ゴザリマス」である。「好イ」は「イイ」に発音してもいい」や
[M40-13]『局員須知日鮮会話』の「日本語ニテハ、上流ノ人ニハ、往来ヲ
論ゼズ、皆出ノ字ヲ、用ユル習慣ナレドモ、其中ニ、自然ト、往来ノ
区別ヲ悟ラレマス、例えバ往(イク・ユク)仁川へ、御出(イデ)ナサレマ
セ。来(クル・キタル)私方へ、御出(イデ)ナサレマセ。此ノ如ク、往
ク、来ル、ト云フ、詞ノ上ニ、地名ナリ、家名ナリ、云フ故ニ、出ノ
字ガ、書テアリテモ、其往来スル、区別ハ、明カニ分リマス」のよろ
なものである。また「一国語朝鮮語トモ其ノ組成相同シク二箇所以上ノ
音ヲ連続スルトキハ音ノ接合ニ因リテ他音ニ転シ或ハ其ノ変化ヲ来タ
シ又ハ約マルコトアリ例ヘバ国語ニ於テ「見たとて判らない」ヲ「見た
つて分らぬ」「其れでは」ヲ「其れじや」ト呼フガ如ク」など、当時の言葉
づかいの実態が知れる内容が載っており注目される。

7. おわりに

　以上、第2章では第1章の明治前期における朝鮮語会話書についての調査報告の続きとして、近代日本語資料として利用するための明治後期に発行された朝鮮語会話書の書目なび書誌を提示し、その資料的特徴およびそこに記されている日本語について概観した。

　明治後期における会話書は、日露戦争への活用のためのものと朝鮮の近代化や産業の復興、貿易のためのもの、日常会話での円滑なコミュニケーションのためのもの、商業、公共事業や公務の活用のためのものなど多様な出版目的と内容のものが認められ、明治前期のものよりも高い語学能力を持った編著者により会話文のレベルも高くなり、構成、表記面でも整ったものになっている。

　その日本語に新たな語法や口頭語が反映している点やその対訳から朝鮮語と日本語と漢字音の差異などが知られる資料として活用できる点などから近代日本語資料として看過できないものである。

第二部 各論編

朝鮮語会話書における
近代日本語の様相

第3章

『交隣須知』にみられる語法の変化

1. 研究の目的及び意義

日本と朝鮮は地理的に近い位置にあるだけに、昔から文化的にも、社会的にも、経済的にも交流が活発であった。交流に欠かせない要素は相手の国の言葉であり、日本側で朝鮮語の言葉の習得のために作ったたとみられるのが『交隣須知』である。

『交隣須知』は徳川時代より明治時代にかけて、日本における朝鮮語学習書として最も広く使われた「実用朝鮮語会話書」といえる[1]。日本における『交隣須知』は、主に対馬と南九州の苗代川地域で筆写本として伝えられてきた。

本書の第一部総論編・近代日本語資料としての利用のためにの第1章近代日本語資料としての朝鮮語会話書明治前期でみたように、明治9年

---

1) 対馬藩士であった雨森芳洲(1668~1755)が藩主に命じられて釜山に駐在している時に編纂したと言われている。

(1876)、江華条約の締結により韓国と日本の交易が活発になり、日本外務省では朝鮮語学習の必要性を認識するに至った。そこで、日本人のための朝鮮語の学習書を制作することとなったのである。

　すでに、江戸時代から写本として伝えられてきた筆写本『交隣須知』が存在したが、方言・訛音が多くて使用にたえなかったため、それに修正増補を加えて明治14年(1881)に明治14年版『交隣須知』(以下「明治十四年本」・「明14」)を刊行し、明治16年(1883)には『再刊交隣須知』(以下「再刊本」・「再」)を刊行する。同じ明治16年に『宝迫繁勝刪正白石版交隣須知』(以下「宝迫本」・「宝」)が、明治37年(1904)には前間恭作・藤波義貫の『校訂交隣須知』(以下、「明治三十七年本」・「明37」)も各々刊行される[2]。明治14年発行の『交隣須知』の「緒言」には、「明治九年新條や区始メテ成り両国人民寛優貿易ノ道開ケシ以来各自交通ノ便ヲ得タリ時ニ予象胥ノ官ニ承乏シ命ヲ外務省ニ奉シ此書ニ因テ更ニ増補校正ヲ加ヘ世ニ公行セントシテ」と出版経緯が記してある。

　構成面では、天文・時節・晝夜・方位・地理・江湖など60余りの部門を立て、関連する見出し語をつけてその見出し語が入るように朝鮮語会話の用例を提示した、言わば、会話用例集と言えるもので、すべてその隣に日本文の対訳がつけられている。この日本語は朝鮮語の学習の便宜をはかるため付けられたものとみられるが、時代の変化に伴う日本語の移り変わりがよく窺えるのが特徴である。

　今まで、『交隣須知』の研究は、江戸写本を中心とした、系列や系統の研究が主流をなしており、写本から明治刊本における日本語の変化

---

2) 本論文では各々[M10-1]『交隣須知』、[M10-5]『交隣須知(再刊)』、[M10-6]『交隣須知(刪正)』、[M30-8]『交隣須知(増訂)』と一連番号をつけた。＜第3部　資料編・明治期における朝鮮会話書の概要と特徴＞を参照。

<図9>『交隣須知』の明治刊本

に関する研究はあまり行われていないのが現状である。そこで、使用者の範囲が広くなり、標準的な言葉について配慮する必要性を認識して出版した明治刊本にみられる語法のうち、待遇と関連したいくつかの表現に焦点をあててその変化の特徴を考察した。

2. 形容詞の連用形のウ音便

『交隣須知』では形容詞連用形はウ音便化が多く見受けられる。ここでは形容詞の連用形における「ウ語尾」の使用比率・使用基準・語彙別・

文法的な使い分けなどについて考察していくことにする。ただ、音便形の語尾が「ウ」であるか「フ」であるかというような表記に関わる事柄は論ぜず、「ウ語尾」か「ク語尾」かという点に限ってみることとする。「ウ語尾」、「ク語尾」の比率を表に示す。

<表5>『交隣須知』の明治刊本における形容詞の連用形(原形・ウ音便形の用例数)

語尾＼刊本	明治14年本	再刊本	宝迫本	明治37年本
一ウ	369	365	186	145
一ク	219	219	145	288
ウ音便率	62.7%	62.5%	56.2%	33.0%

<表5>のように、明治十四年本と再刊本とでは、形容詞の連用形において「一ウ語尾(ウ音便)」「一ク語尾(原形)」に大差はなかった。しかし、明治三十七年本になると状況が大きく変わって、明治十四年本と再刊本では「ウ語尾」の比率が各々62.7%、62.5%で優勢であったのが、宝迫本では56.2%になり、明治37年本では33%まで激減している。つまり、明治37年本では「ウ語尾」が「ク語尾」になっている。

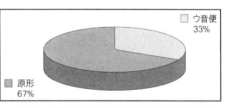

<図10>明治三十七年本におけるウ音便率

○三青　コン青ヲアマリ<u>スクナウ</u>イレタニツキ　色ガゴザラヌ

（明14・巻三・彩色・14ウ）

○紺青ヲ餘リ<u>少ウ</u>入レタカラ色ガナイ　　　（宝・巻之三・色彩・10ウ）

○三青　紺青をあんまり<u>少く</u>つかつたから色がわるうございます。

（明37・色彩・p.249)[3]

韓国語の本文の丁寧さ・丁重さに変わらず、「ウ語尾」が「ク語尾」に
なった例である。地方的な特色とも言える「ウ語尾」が時代の変化とと
もに「ク語尾」に変わった用例でもある。しかし、次の用例のように
「ウ語尾」が用いられる場合もある。

○窮　　──シテクラシカタウゴザル　　　　　（明14・四・雑語・43オ）
○窮シテ暮シガタウゴザル　　　　　　　　　（宝・巻之四・雑語・23オ）
○窮　　貧乏して<u>暮らしにくうございます。</u>　　（明37・事體・p.307）

○慇懃　　──ニオモテナシナサルニヨリ<u>カタジケナウ存ジマス</u>
　　　　　　　　　　　　　　　　　　　　　（明14・巻四・心使・22ウ）
○慇懃　御叮嚀な御もてなしに預かりまして<u>有り難ふぞんじます。</u>
　　　　　　　　　　　　　　　　　　　　　　　　（明37・事體・p.308）

　形容詞の音便形は、上の用例のように話し手の聞き手に対しての物
言いを丁寧にすることによって間接的に敬意や丁寧さを表わしたいと
きに限られ、補助動詞とともに用いられるのが特徴である[4]。次の
＜表6＞は、はたして音便形が補助動詞とともに用いられた場合によ

3)　「スクナウ(젹게)」・「少ナウ(젹졔)」・「少く(젹게)」と各々対応されており、対訳
　　のハングルには敬意度に変化が見られない。
4)　S.R・Brownの『Colloquial Japanese』(p.23)の用例には、高い待遇意識の場合には
　　「ウ音便」を、低い場合には「ク語尾」をとっている。
　○Ho-ka no wo ts`-ka-i-ma-sh`-te wa　yo-ro-shi-u go za-ri-ma-se-nu-ka?
　　ホ カ ノ ヲ　ツカイ マシテ ハ　　ヨロシウ　ゴザリマセヌカ
　○Ho-ka no wo ts`-ka-t-te-wa yo-ro-sh`ku na-i ka?
　　ホ カ ノ ヲ　ツカツテハ　ヨロシクナイカ
　　小松寿雄(1985)は、「形容詞の連用形では、上方語がウ音便形を専ら使うのに
　　対して、後期江戸語では、原形とウ音便形が併用され、特に、高い待遇価値
　　を持つ敬語に連なるときはウ音便が多く、敬語以外の普通語に連なるときは
　　原形を用いる傾向がある」(p.39)としている。

く起こるものかとうかを調たものである。

<表6>文法的機能とウ音便化の関係(明治十四年本・再刊本)

用法	原形	ウ音便形	合計	ウ音便率
補助動詞に接続[5]	12(11)	250(249)	262	95%
用言修飾	164	65	229	28%
助詞に接続[6]	32	33	65	50%
程度副詞用法	8	15	23	65%
形式形容詞「ナイ」へ接続	2	1	3	33%
中止的用法	5	0	5	0%

<表6>のように、ほかの文法的な機能を持つ語に連なる場合より
も、補助動詞「ゴザル」「ゴザリマス」「ナリマス」「アリマス」「存ジマス」
などへ接続する場合が多く、250例(ウ音便率95%)が「ウ語尾」である。

○頃日 ——ハスサマシウモテナシナサレテカタジケナク存ジマス

(巻一・昼夜・12ウ)[7]

○時節 ——ガタテナホサバサゾヨウアリマセウ (巻一・時節・7ウ)

○餞 餞送ナサレテオフルマイナサルニヨリカタジケナウ存ジマス

(巻二・行動・54ウ)

○鉦 銅鑼ハ音ガヤカマシウゴザル (巻三・風物・35ウ)

○噪 サハガシウスレバシソンジヤスウゴザル (巻四・四端・25オ)

○沐浴 沐浴シテ新ラシキ衣服ヲ着テ天ニ祈リタク存ジマス

(巻三・墓寺・2オ)

5)「ゴザル・ゴザリ(い)マス」・「存ジマス」・「アル・アリマス」・「ナル・ナリマス」
　など。
6)「テ」・「テハ」・「テモ」・「トモ」・「バ」・「ハ」などに連なる場合
7) 上の例文はすべて明治十四年本のものであるが、明治十六年本との違いがみら
　れる例文は、「頃日　頃日ハスサマシウモテナシナサレテカタジケナフ存ジマ
　ス(再・巻一・昼夜・12ウ)」の1例のみである。

ところが、次のように補助動詞とともに用いられる場合でも、客観的な事実、または自分の気持ちを伝える場合には「ク語尾」になる。

○改嫁　再縁ハ輕輩ニ多クアル　　　　　　　　　（巻一・天倫・41オ）
○鮪魚　シビハマレニクウニヨリ見レバ<u>クヒタクゴザル</u>（巻二・水族・8ウ）
○春　　ツゲバ米ガ<u>白クナル</u>　　　　　　　　（巻二・農圃・21ウ）

　つまり、聞き手に対しての丁寧さを表したい場合には「ウ語尾」が、聞き手に対して丁寧さを表す必要がない客観的な事実の伝達や自分の願望・感情表現などには「ク語尾」を用いているのだと考えられる。そのような傾向は『交隣須知』の明治三十七年本まで続いており、1例を除いては[8]、補助動詞である「ゴザル」「ゾンジマス」に接続して聞き手に対する話し手の敬意的配慮を表している場合は、「ウ語尾」が用いられている。次は明治三十七年本の用例である。

○津　　渡しを越ゑる時分に風か強いと氣分が<u>わるうございます</u>。
　　　　　　　　　　　　　　　　　　　　　　　　　　（水容・p.37）
○酒肴　御鄭重な御馳走で御もてなしに預りまして<u>有りがたう存じます</u>。
　　　　　　　　　　　　　　　　　　　　　　　　　　（飲食・p. 254）

　<表6>の調査結果でみるように、用言を修飾する場合、助詞テ・テモなどに続く場合、程度副詞の用法として用いられる場合、否定のナイなどに接続する場合、助詞に接続する場合や中止法などの場合には、「ウ音便」の比率は各々28%・50%・65%・33%で補助動詞に接続する場合よりはるかに低い傾向が窺われる。それは、客観的な事柄・事項に対しては、話し手に対して丁寧さを表す必要がないからであろう。

8)「柑子　蜜柑は霧があたらないと色が<u>美しくございませぬ</u>。」（明37・果実・55）

○陋　　キタナイニヨリ早クノケヨ　　　　　　（明14・巻一・形貌・54オ）
○幅　　ーハセバクテモホン ノオリモノデゴザル
　　　　　　　　　　　　　　　　　　　　　　（明14・巻三・衣冠・18オ）
○癢　　カユイ處ヲキツクカケバキミガヨーゴザル
　　　　　　　　　　　　　　　　　　　　　　（明14・巻二・疾病・52オ）
○黄丹　──ハ朱ホド赤クナイモノデゴザル　　（明14・彩色・巻三・15オ）
○海鼠　ナマコハアンヲ入テムシモノニシテモヨク膾モサウオウニゴザル
　　　　　　　　　　　　　　　　　　　　　　（明14・巻二・水族・11オ）

　こうした傾向は、語彙的意味によって「ウ語尾」・「ク語尾」が使い分
けていることが確かめられる。＜表7＞における使用頻度とは、使用
度数の多い順に番号をふったものである。＜表7＞の調査結果で示して
いるように、ウ音便化率が高い語は、感情表現の「オソロシイ」（12例）
「スサマシイ」（7例）「アヤシイ」（6例）「ヨロコバシイ」（5例）「オモシロイ」
（5例）「サビシイ」（3例）や複合語である「～ガタイ」「～ニクイ」などが各々
14例、5例で100％がウ音便になっている。また、程度を表す「キツイ」
（14例）も92％の高いウ音便率を示している。一方、性質や属性を表す
「フトイ」（8例）「タカイ」（11例）「ハヤイ」（27例）などは各々
50％・27％・11％でウ音便化率が低いといえる。つまり、性質や属性を
表す形容詞により、感情や程度を表す形容詞そして「～ガタイ」「～ニク
イ」「～ヤスイ」のような複合語がウ音便化していることが窺える。話し
手の感情や評価を直接に表明することが憚られるため、丁寧な文末表
現が選ばれていることの結果であろう。
　また、＜表7＞で示しているように、カユイ・イソガシイ・ウス
イ・久イ・カウバシイ・近イ、ニガイ・アリガタイ・ヒロイ・厚イ・
長イ・キライ・弱イ・イヤシイ・ツメタイ・セバイ・ヒドイ・オトナ

シイ・カナシイ・スクナイなどがあった。最も多く用いられた語である「ヨイ」の連用形としては、ウ音便形の方が若干上回るが、使用頻度が高いだけにク語尾も半分近く用いられている。

\<表7\>語別ウ音便率(明治十四年本・再刊本)

順位	語	ウ音便例数	ク語尾例数	計	ウ音便率
①	ヨイ	94	85	179	52%
②	多イ	19	6	25	76%
③	~ガタイ	14	0	14	100%
④	キツイ	13	1	14	92%
⑤	オソロシイ	12	0	12	100%
⑥	~ヤスイ	9	2	11	81%
⑦	スサマシイ	7	0	7	100%
⑧	~タイ	6	5	11	54%
⑨	アヤシイ	6	0	6	100%
⑩	カルイ	6	0	6	100%
⑪	ウツクシイ	5	0	5	100%
⑫	ヨロコバシイ	5	0	5	100%
⑬	~ニクイ	5	0	5	100%
⑭	オモシロイ	5	0	5	100%
⑮	オモイ	5	0	5	100%
⑯	フトイ	4	4	8	50%
⑰	ウスイ	3	1	4	75%
⑱	サビシイ	3	0	3	100%
⑲	ハヤイ	3	24	27	11%
⑳	高イ	3	8	11	27%

　丁寧な表現行為を成り立たせるものとしての「ウ語尾」の使い分けには、表現主体、その相手、および表現される対象(人)の間にどのよう

な関係が成り立つかということも関わってくるが、『交隣須知』は、会話形式ではないため、その関係の把握に難しい面がある。

「ウ音便」については、B.H.Chamberlainも "A Simplified Grammar of the Japanese Language(1886)[9]に、"the educated in Tokyō sometimes follow their example, especially when speaking in public. But this sounds some what pedantic"と記述しており、幕末・明治初期まで、「ウ音便」は、主に関西で使用されるが[10]、東京でも教養階級の人々が、公式の場所で使用したというのがわかる。これに鑑みれば、恐らく明治初期の『交隣須知』の刊本は、公式的な場面で用いられた日本語であったと推察される。しかし、これも明治後半になると、待遇的意味を表すために形容詞の「ウ音便」は慣用的にしか使われなくなる。[11]矢島正浩(1986)によると、聴覚印象として隔たりの大きい前者が、後者に比して音便化の度合が小さいという結果になっていると説明している。連

---

9) Chamberlain,B.H. "A Handbook of Colloquial Japanese" Fourth Edition(1907)
   (Collected Works of Basil Hall Chamberlain: Major Works, vol.8 所収)
10) 明治十四年本・再刊本で優勢であった「ウ音便」が、明治三十七年本には「ク語尾(原形)」が多くなる。明治39年刊行された国語調査委員会の『口語法分布図』の二十七「形容詞のウ音便」に掲載されている。その分布図においては「ウ音便」を関西の地方的な特徴として捉えられる。
11) 語尾直前の母音別に分類したものであるが、前の母音によって語尾「ク」の子音「k」が脱落しやすいことがわかる。つまり、『交隣須知』の明治十四年本と再刊本における語尾直前の母音別の音便化はi＞u＞a＞o＞(e)の順で起こりやすい傾向が見られる。

<表8>語尾直前の母音別音便率(明治十四年本・再刊本)

母音	用例	音便形 (連用形の全体数)	音便率
a	ハヤイ・高イ等	65(110)	59%
i	カナシイ・オトナシイ等	66(79)	83%
u	キツイ・厚イ等	48(59)	81%
e	用例なし	0(0)	0%
o	多い・ヒロイ等	128(238)	53%

用形のウ音便は音便化によって語幹の発音が変化する場合、ウ音便は避ける傾向があったということになる。

3. 命令表現

『交隣須知』の命令表現に用いられる終助詞の調査結果を＜表9＞に示した。＜表9＞で見るように、明治初期刊の明治十四年本・再刊本及び宝迫本における四段動詞の命令形は、動詞の命令形のみで表わす比率が高くなり、四段以外の動詞は、下一段動詞の一部を除いて、終助詞「イ」「ヨ」を付ける。江戸写本では、「命令形＋イ」「マセイ」「シヤレイ」「ナサレイ」であったのが、明治十四年本では、「イ」が5例[12)](再刊本の場合は3例・宝迫本0例)しか見当たらないのに対して、すべての活用型で「ヨ」を用いる例は293例にも及ぶ。明治三十七年本では、四段動詞は命令形のみが134例で圧倒的である。

なお、明治初期刊本には「ヨ」をつけて命令形を表わしていた「ナサル」(28例)「クダサル」(19例)は、明治三十七年本では「ナサイ」(84例)・「クダサイ」(30例)のようになる[13)]。上一段及び下一段動詞は「ヨ」の代

---

12) 明治初期刊本では、「イ」の付いた形が次の5例であり、この5例を除いては明治初期刊本の方はすべてが終助詞「ヨ」がつけられている。

　　○窓　　ーヲピシトタテイ風ガ吹ニヨリサムイ　　　　　　（明14・巻二・宮宅・34オ）
　　○幣　　ヤブレタモノヲフセサシヤレイ　　　　　　　　　（明14・巻四・雑語・36オ）
　　○歛　　ユガンダモノヲマツスグニシナホサシヤレイ　（明14・巻四・雑語・36ウ）
　　○駆車　サネトリニ入リシ綿ヲクリワタニセイ　　　　　（明14・巻三・雑器・31ウ）
　　○醬　　味噌ヲヨクツクツテ熟セイ　　　　　　　　　　　（明14・巻三・飲食・57ウ）

13) 『口語法別記』(p.131)には、「上一段、下一段活用の動詞の命令を、駿河山梨、長野、越後の一部から東でわ、口語に「起きろ」落ちろ」着ろ」受けろ」見ろ」受

わりに「ロ」をつける傾向を呈している。

<表9>明治刊本における命令形(明治十四年本・再刊本・明治三十七年本)

活用	刊本の種類	明治十四年本(再刊本)				明治三十七年本				
		イ	ヨ	エ	命	イ	コ	エ	ろ	命
四段	普通動詞		11(11)		132(132)					174
	ゴザル		6(6)							
	(サ)シヤル	2(2)	22(22)		1(1)	1				
	ナサル		25(24)			71				
	クダサル		26(26)		1(1)	20	1			
	マス		17(16)		48(49)					7
上一	普通動詞		21(21)		2(2)				18	
下一	普通動詞	1(0)	75(76)		14(14)				45	
	(ラ)セル		58(58)							
	(サ)セル		3(3)						9	
カ変	コ		31(32)			26				
サ変	セ	1(0)	31(33)						21	

　　○髢　カモジヲ十カケホド買テ下サレ　　　　（明14・巻三・女飾・20オ）
　　○髢　カモジヲ十束ホド買テ下サレヨ　　　　（再・巻三・女飾・20オ）
　　○髢　かもじを十ほど買つて下さい。　　　　　（明37・250）

　　○運送シテ早ク皆納ヲナサレヨ　　　　（宝・巻之四・雑後・19オ）
　　○運送してみんな納めておしまいなさい。　　　（明37・車馬・203）

　け<u>ろ</u>」捨て<u>ろ</u>」と云う、尚、富山縣、三河縣、三重縣にも、そう云う處があり、九州の筑後、肥前、熊本縣宮崎縣にも、「ろ」をまぜて云う處がある。其外わ、遠江、愛知縣岐阜縣、富山縣、佐渡から、京都府、大阪府、和歌山縣までは、大抵「起き<u>よ</u>」起き<u>い</u>」落ち<u>よ</u>」落ち<u>い</u>」着<u>よ</u>」着<u>い</u>」見<u>よ</u>」見<u>い</u>」受け<u>よ</u>」受け<u>い</u>」捨て<u>よ</u>」捨て<u>い</u>」をまぜてつかい、(京都大阪わ、「起き<u>い</u>」落ち<u>い</u>」着<u>い</u>」見<u>い</u>」受け<u>え</u>」捨て<u>え</u>」)それから西わ、九州まで大抵わ、「い」である、しかし上一段活用にわ、「い」の着かぬのもあるから、今わ、「ろ」よ」の二つに決めた」と記されている。

○厩　ムマヤノムマノアレヲサラヘテムマヲ<u>タテイ</u>

(苗・巻三・宮宅・49オ)

○鋸　－ノハヲヤスリデ<u>タテヨ</u>　　　　(明14・巻三・鐵器・27ウ)

○鉇　やすりで鋸の目を<u>たてろ</u>。　　　(明37・什物・216)

　カ行変格の命令形としては、江戸写本では、「イ」の付いた形であっ
たが、明治初期刊本では「ヨ」(31例)が付いた形になり、明治三十七年
本では、「ヨ」ではなく、すべて「イ」(24例)のついた形が行われてい
る[14]。次にその用例を示した。

○漱之　ミヅクンテ<u>コイ</u>　　　　　　(苗・巻三・女飾・6オ)

○水　　—盛リテ<u>コヨ</u>　　　　　　(明14・巻一・江湖・22ウ)

○水盛リテ<u>コヨ</u>　　　　　　　　　(宝・巻之一・江湖・17ウ)

○水を汲んで<u>來い</u>。　　　　　　　(明37・水容・p.39)

　次いでサ行変格の「スル」の命令形について述べる。江戸時代の写本
類では「セイ」が中心であったが、明治十四年本においては、「セヨ」は
30例・「セイ」は2例が多く用いられ、明治三十七本になってから「シロ」
(25例)に入れ替えられる[15]。『口語法別記』によると、「セヨ」が文語で
あるのに対して、「シロ」が口語であるという。明治期の規範的な書き
言葉である終助詞「ヨ」をつけた形が、明治三十七年本には口頭語で現
れているのは、当時の言語政策の影響と思われる[16]。次のように出版

---

14) 国語調査委員会(明治39年)『口語法調査報告書』pp.137~146には、東京地方「こい」、
　　関西「こい」「こう」「こよ」、九州では「こよ」「こい」「こを」を用いたと報告され
　　ている。

15) 『口語法調査報告書』pp.147~160によると、東京地方「しろ」、関西「せい」「せよ」、
　　九州では「しよ」「せろ」「しよ」を用いるという。

16) 古田東朔(1982)、pp.671~676。

順に並べてみると、その移り変わりが一目瞭然である。

　　○鐙子　　アブミガナガイニヨリネジウテミシコフ<u>セイ</u>

　　　　　　　　　　　　　　　　　　　（苗・巻三・鞍具・27ウ）
　　○鐙　　　アブミガナガイニヨリネジツテミジカク<u>セヨ</u>

　　　　　　　　　　　　　　　　　　（明14・巻三・鞍具・39ウ）
　　○鐙ガ長イカラ子ジツテ短カウ<u>セヨ</u>　　（宝・巻之三・鞍具・27オ）
　　○鐙　　　あぶみのひもが長いからよつて短かく<u>しろ</u>。

　　　　　　　　　　　　　　　　　　　（明37・車馬・p.204）

　以上のように『交隣須知』の明治三十七年本では「スル」の命令形の「セヨ」が用いられなくて「しろ」という東京語に変わったことが確認される[17]。

　下一段活用の動詞「クレル」の命令形は明治初期刊本では「クレヨ」の形は多いが、明治三十七年本では「くれ」と「くれろ」が混用されている。2

　　○鉎垢　サビガカケタニヨリトイデ<u>クレヨ</u>　　（再・巻三・彩色・15オ）
　　○荷ハ輕ウテモ駄賃ハヨウシテ<u>クレヨ</u>　　宝・巻之三・鞍具・27ウ）
　　○嘱　　あつらへて置いた物を必ず忘れないでとつて<u>來てくれ</u>。

　　　　　　　　　　　　　　　　　　　（明37・買賣・p.224）
　　○注乙　網を<u>くれろ</u>。　　　　　　　（明37・船楫・p.199）

　上の用例の「くれる」は下一段活用でありながら、現在では「くれ」のほうが一般化している。また、たとえば、五段活用の「居る」「ひねる」は、命令形に「いれ」「いろ」、「ひねれ」「ひねろ」が併用されている。「蹴る」「任す」の命令形も「けれ」「けろ」、「任せ」「任せろ」が混用されている。

---

17) 明治十四年本に用いられた「セヨ」が、明治三十七年本では、「シロ」11例、「シ
　　テオケ」2例、其の他(同じ意味になる)が9例見られる。

動詞の命令形による命令表現の以外にも、明治初期本の「~レヨ」「~ラレヨ」が明治三十七年本になって「動詞の連用形＋な」「お＋動詞の連用形＋なさい」「お＋動詞の連用形」などの新しい形の表現になる。特に、「見ラレヨ」は「御覧」「御覧なさい」になる場合が多い。つまり、「レヨ」「ラレヨ」による命令形を避け、新しい命令表現を積極的に受け入れている様相を見せているのである。

○請價　値段ヲ定メテ行レヨ　　　　　　　（再・巻二・売買・45ウ）
○定價　値段を極めて往きな。　　　　　　（明37・売買・224）

○敬　ウヤマウテ年寄ヲトリモツ ヲネンゴロニイタサレヨ
　　　　　　　　　　　　　　　　　　　　（明14・巻四・四端・25オ）
○敬　丁寧にして年上の人を大事におあつかひなさい。
　　　　　　　　　　　　　　　　　　　　（明37・性行・p.288）

○豆　　アヅキメシヲタカレヨ　　　　　　（明14・巻二・禾黍・15オ）
○豆　　小豆飯を赤く御たき。　　　　　　（明37・禾黍・58オ）

○簾垂ノ際カラノゾイテ見ラレヨ　　　　　（宝・巻之三・墓寺・2オ）
○簾　すだれのすきからのぞいて御覧。　　（明37・什物・p.207）

　次に、明治三十七年本の命令表現はどのような特徴を持っているかについて言及する。そもそも『交隣須知』の江戸写本と明治初期刊における命令表現は、韓国の教訓書や漢籍などの特徴でもある、強い語調の韓国語の文章が日本語の対訳にも反映されたためストレートな命令・禁止の表現が多い。しかし、それが、明治三十七年本になると、韓国語の本文には大きな変化がないのにもかかわらず、日本語の対訳の命令表現は次のように「御覧」などの特定の語彙によるもの、連用形

に「クダサイ」「ナサイ」のような語をつけたもの、「コト」や「モノ」を
用いた間接的な類型的な形式の表現に変わる。

　　○簾　　スダレノアイカラノゾイテ見ラレヨ　　（明14・巻三・墓寺・2ウ）
　　○簾　　すだれのすきからのぞいて御覧。　　　（明37・什物・p.207）

　　○君　　キミハ留守シテイラレヨ　　　　　　　（明14・巻一・天倫・42オ）
　　○君　　お前は留守をして居ておくれ。　　　　（明37・称呼・p.100）

　　○操心　ツヽシンデソシリヲキカヌヤウニナサレヨ
　　　　　　　　　　　　　　　　　　　　　　　　（明14・巻四・心使・23オ）
　　○操心　氣をつけて惡口をいはれないやうにすることでございます。
　　　　　　　　　　　　　　　　　　　　　　　　（明37・心情・p.276）

　　また、命令表現の代わりとして勧誘表現、疑問・反語表現、当然・
義務の表現の使用が目立つ。言いかえれば、命令表現は直接的な命令
表現よりは、聞き手に対する十分な配慮を払う多様な表現が使われる
ようになったともいえる。

　　○一結　人クヽリ出シテカケテ見ヨ　　　　　　（明14・巻三・鞍具・41オ）
　　○結　　一どくゝり取り出してかけて見よう。　（明37・車馬・206）

　　○慷慨　----ノ心ヲモタシヤレヨ　　　　　　　（明14・巻四・心動・9ウ）
　　○慷慨　慷慨の心を持たなければいけませぬ。　（明37・心情・276）

　　○早　　アスハ早ク入テオ出デナサルヤウニナサレマセ
　　　　　　　　　　　　　　　　　　　　　　　　（明14・昼夜・11ウ）
　　○早　　あすは早くいらつしやいますか　　　　（明37・時節・18）

○昏　　日ガクレタニヨリソレマデニシテカヘラツシヤレマセヨ。

(明14・巻一・天文・2ウ)

○昏　　暗くなつて来ましたからよして帰ろうじやありませぬか。

(明37・時節・p.18)

「~ナ」で禁止を表す場合にも、禁止の「~ナ」、「ヨシナサイ」のよう
な特定の語彙によるもの・「~シテハイケナイ」のような当然・義務の表
現、「~シナイガイイ」のような勧誘の表現になっている。

○論駁　----ヲツヨクセズシテヤメルヨウニナサレヨ

(明14・巻四・言語12オ)

○論駁　餘り議論をしないでもうおよしなさい。　　(明37・言語・p.269)

○射干　カラスアフギハ草トル時ヌクナ　　(明14・巻二・花品・31オ)

○射干　日扇をとる時分にひいちやいけない。　　(明37・花品・p.51)

○不　イラヌコヽロヅカイヲナサルナ　　(明14・巻四・範囲・30オ)

○不　いらぬ心配をしないがようございます。　　(明37・語辞・p.319)

明治30代の後半は、いわゆる「東京語の定着期」と呼ばれる時期で、
待遇表現の発達に伴い、直接的な動詞の命令形は少なくなり[18]、円滑
なコミュニケーションのため、聞き手の気持ちを尊重する様々な命令
表現が盛んになるが、『交隣須知』の明治三十七年本の命令表現がまさ
にこれに当てはまる。

---

18)「東京語においては、動詞の命令形は命令形式のほんの小部分であって、待遇
　　表現の発達に伴ない、敬譲面を拡張する都市語の通例として、裸のまゝの命
　　令形を用いることなく、必ず待遇表現をそれに加味して、「見ろ」「行け」を用
　　いるよりは、「御覧なさい」「行った方がいいよ」などと全然別の表現を構える
　　のが普通だからである」(p.180)と中村通夫(1948)にもある。

4. 文末表現

　待遇表現の変化は江戸語から東京語へと新たな近代言語の体系が作り上げられていくのに主導的な役割をしたといっても過言ではない。江戸時代の身分制度が崩れ、新しい意識が芽生えるにつれて、待遇表現にも大きな変化がもたされたのである。特に、明治時代には対者敬語としての丁寧語が著しく発達してきた。文末は断定や推量などの表現の仕方によって、もしくは敬意や丁寧さの度合いによって違ってくる。次の＜表10＞は、幕末・明治期の朝鮮語学習書の指定表現の推移を表にしたものである。

(1) マス

　『交隣須知』においては、写本類で「マスル」が「マス」より多くもちいられたのが刊本ではもっぱら「マス」が用いられ、「マスル」の退潮が認められる。

　　○細雨　コマアメガソヽイデヤサイガイキテマスル(苗・巻一・天文・3ウ)
　　○細雨　──ガソヽイデヤサイガイキテマス　　(明14・巻一・天文・4オ)

　江戸写本(苗代川本)で282例だった「マスル」が、明治十四年本では1例しか見あたらなくなる。

　　○期年　一年ブリニカヘラレマスレドモ言バヲ皆學デ往レテ奇特にゴザル
　　　　　　　　　　　　　　　　　　　　　(明14・巻一・時節・9ウ)

<表10> 幕末・明治期の朝鮮語会話書における指定・断定表現[19]

	韓語訓蒙 (文久4)	交隣須知 (苗代 川本)	交隣須知 (明14)	交隣須知 (宝迫本・ 明治16)	交隣須知 (明37)	日韓善隣 通語 (明16)	日韓英三 国対話 (明25)	日韓通話 (明26)
ジヤ	7	143	85	94	1	15	0	0
ダ	0	0	0	0	311	0	3	12
デアル	8	1	84	76	5	0	0	29
デス	0	0	0	0	166	0	109	99
デゴザル	15	126	98	97	147	42	19	21
ウゴザル	32	60	149	149	96	29	46	34
ニゴザル	15	91	115	115	0	1	0	4
マス	78	69	279	276	681	103	302	1070
マスル	43	103	1	0	0	0	0	0

　逆に、苗代川本で69例だった「マス」は、明治一四年本になると279例にもなっているなど、「マス」をとる傾向が顕著である。文久9年(1869)に書写された『韓語訓蒙』には、「マスル」43例、「マス」が78例で、過渡期的様相を見せているのに対して、明治以降に発行された『交隣須知』の明治十四年本・再刊本・宝迫本および明治期の朝鮮語学習書である『日韓善隣通語』・『日韓英三国対話』・『日韓通話』にはもっぱら「マス」が用いられている。結果的には写本類の古めかしい「マスル」を、刊本では当時の標準的な新しい「マス」に統一したものと思われる。この「マス」の性格について、チェンバレンは『口語文典』(第四版)の敬語の章で、次のように述べている。

　　「These are, however, scarcely honorific in the proper sense of the words, that is to say that they are more often simply marks of a courteous style than of any special respect paid to the person address.」(p.249)

---

19) 本書では、各々[M10-4]『日韓善隣通語』、[M20-1]『日韓英三国対話』、[M20-2]『日韓通話』、[M30-8]『校訂交隣須知』と一連番号をつけている。

つまり、「マス」は、聞き手に払われる尊敬の意味よりは、単に儀礼的なスタイルを表すものであることを示している。

(2) デス

「デス」は丁寧語のうち、「相手に直接敬意を示す語であり、これらの文体に対話体としての性格をそえるもの」[20]で、江戸時代に花柳界や医者・職人などの特殊社会でまれに使われたのが、幕末近くになると使用頻度が増え、商家の婦妻に広まり、明治に入って一般化する。「デス」の普及は英学とも深くかかわりがあり、西欧語からの影響もあるといわれる[21]。

明治期の朝鮮語学習書にも「デス」が用いられている。＜表10＞でみられるように朝鮮語学習書で「デス」を積極的に受け入れているのは、明治25年以降のことである[22]。

さらに、『交隣須知』の明治三十七年本には「デス」が166例も用いられているなど、急増している。活用としては推量形の「デショウ」が12例、過去形の「デシタ」が5例ある。

　　○西北風　西北の風ですから船のはいるにはいゝ<u>でしょう</u>。

(明37・天文・p.5)

---

20) 辻村敏樹(1992)、p.589。
21) 中村通夫(1948)、pp.109〜110。「ガラタマ・ヘボン・サトウが明治5年、吉原仲の町に慶応義塾の分教場が設置され、遊女たちが遊びにくるお客さんの接待のため、英語を学ぼうとしたのでこの人たちを通じて『です』を知った」
22) 朝鮮語の学習書の中でも一番積極的に受け入れているのは、明治25年の『日韓英三国對話』で、明治20年代半ばごろから「デス」という文末を朝鮮語学習書に積極的に受け入れらとみられる。
　　○彼ノオ方ハ金満家デス(第十九章　前章の續・p.66)
　　○人民ハ國中ニアル總テノ人ヲ云フ詞デス(第二十六　對話・p.143)

○任　　役は何役をして御出ででしたか。　(明37・官爵・p.149)
○單衣　ひとへをきたらいゝ氣持ちです。　(明37・服飾・p.231)

また、明治10から20年代にかけて定着したといわれる形容動詞の丁寧体として「きれいです」というような例が『交隣須知』の明治初期刊本までは見られなかったが、三十七年本や20年代発行された朝鮮語学習書に見られる。

○健壮　あの人は若い時分からからだが丈夫です。　(明37・體軀・p.120)
○私ハ将棋モ大層好デス　(日韓英三国対話・第二・p.107)

松下大三郎(1901)が、「デス」の項目に「ダに等し。たゞしダは對者不定遇なれどデスは對者尊重遇なり」と述べている通りに、社会の雰囲気に合う適当な敬意度を持っていることが[23]、定着した原因だとみられる。また、「デス」という文末の形のシンプルさと明治二十年代の「言文一致運動」[24]や国定教科書制定による「デス」の一般化にも起因しているだろう。

23) 吉川泰雄(1977)、p.166。「『ございます』体ではとかく恭しすぎるし、常体では無躾とされるような対人関係の下で談話するのが普通である社会が訪れたのであって、当時漸く一般性を有するようになっていた『です』が、適宜な丁寧体断定語として愈々使用されることになったに違いない」

24) 今日の口語文・口語体の成立は、明治初年の文明開化の潮流の中で活発に行われた言文一致運動によるものである。西周、加藤弘之(デゴザル体)等による提案、二葉亭四迷(ダ体)、山田美妙(デス・マス体)、尾崎紅葉(デアル体)の言文一致小説の試みが社会的に広がり、明治三十年代には小学校の国定教科書が口語体を採用し、言文一致は確立期を迎える。

(3)「デアル」

　江戸写本ではあまり用いられなかった「デアル」が[25)]、＜表10＞でおらわしているように明治初期刊本で急激に増えている。江戸語では、「デアル」が遊里の女性の言葉として用いられ、明治初期の東京語では、地方出身の官員・書生たちの言葉に用いられる[26)]。安田(1973)は、「明治期になって、『デゴザル』『デアリマス』のような相手に対する敬意が含まれているものに対して、客観的な叙述の文末辞が求められるところから、『である』が採用されるに至ったのであろう」[27)]としている。

　このような「デアル」[28)]は、『交隣須知』の明治初期刊本では「デアルカ」「デアリマス」「デアリマスカ」「デアリマセウカ」「デアルサウナ」「デアルサウニゴザル」などの多様な形で現れ、明治三十七本になると、「ダ」「デス」などに変化する[29)]。

○傔　　エ、コレハタンキナ人物<u>デアル</u>　　　　　（明14・巻一・人品・33オ）
○エ、夫ハ短氣ナ人物<u>デアル</u>　　　　　　　　　（宝・巻之一・人品・25オ）
○傔　　ア、此男は短氣な男<u>だ</u>な。　　　　　　　　（明37・行・p.285）

---

25)　片茂鎮(1991)、pp.388~389。江戸写本の調査のみで、苗代川本(16)、済州本(14)、小田本(14)の用例数が報告されている。
26)　松村明(1998)、p.90。
27)　安田章(1973)、p.772。
28)　『口語法別記』には「デアル」について、「「であります」わ、「です」よりわ丁寧な言いようであるが、演説などの外にわ用いられぬ。「でございます」わ、「であります」よりわ、又丁寧に云う場合に用いるのである」(p.322)という記述がなされている。朝鮮語の本文をみても、「デゴザイマス」「デス」が敬意を持っている相手に使うのに対して、「デアル」は客観的な事実の説明や対等な相手に対して使っている。
29)　明治十四年本の「デアル」(68例)は、明治三十七年本では「ダ」(41)・「デス」(6)・「ダナ」(6)・「ダワイ」(1)・「デゴザイマス」(3)・「ヨ」(1)に変わる。

<表10>をみてみると「デアル」は、『交隣須知』の苗代川本では1例、『韓語訓蒙』では8例で、その用例が少なかったが、明治初期には『交隣須知』明治十四本に84例、再刊本に76例と増加している。ところが、『日韓善隣通語』『日韓英三国対話』『日韓通話』『交隣須知』の明治三十七年本では、各々0例・0例・29例・5例でその使用が著しく減少している。これから、江戸時代や明治初期まで用いられていたが明治10年代以降の学習書では「デアル」を採用しなくなったと推察される。

(4)「デゴザル」

　まず、江戸写本(苗代川本)で補助動詞として用いられた「ゴザル」は277例である。「デ」「ニ」「ソウニ」「テ」などに接続し、形容詞の音便形である「ウ」(フ)に接続する場合も多い。そのうち、苗代川本の126例あった「デゴザル」は、明治十四年本で49例に著しく減少した。「ニ」に接続する補助動詞「ゴザル」は91例である。その中で韓国語でも敬語的意味のある場合が68例、敬語的意味を持ってないものが4例であった。飛田(1969)[30]は、「ジヤとデゴザルは、対等か目下に用い、尊大な語感をもっていたと考えられる。いいかえれば、話し手の体面を示しているといえよう」と明治初期の「ジヤ」と「デゴザル」の性格や位相について述べているが、『交隣須知』での頻度数が一番多い「デゴザル」も韓国語の対訳に照らし合わせれば同じ特徴を示しているのがわかる。

　　○温井　一泉ハ冬デモワイテフシギデゴザル　（明14・巻一・江湖・22ウ）
　　○温井　温泉は冬でも沸いてゐるから不思議だ。　（明37・水容・38）

---

30) 飛田良文(1969)、p.17。

○外感　風邪ハ發散ガ第一デゴザル　　　　　　　　（明14・巻二・疾病・51ウ）
○外感　かぜは発汗するのが一番です。　　　　　　　　（明37・疾病・140）

　　上の例文は、明治十四年本の韓国語に敬語的な意味があったが[31]、明治三十七年本には敬語的な要素が見えなくなったものである。前述したように、方言を排除し、当時の自然な日本語で書くという方針によって改訂された明治三十七年本には、「ダ」(311例)や「デス」が多用されている。それは、敬意がある場合もそうでない場合も用いられる「デゴザル」に対して、場面や相手によって使い分けが比較的に簡単にできる「ダ」「デス」という形が好まれるようになったとみてよかろう。

○赦　シヤニヲヲヒテツミヲユルサレテテンヲンカキリモゴザラン
　　　　　　　　　　　　　　　　　　　　　　　（苗・巻三・政刑・31ウ）
○赦　一ニアヒテ流罪ヲユルサレテ天恩デゴザリマス
　　　　　　　　　　　　　　　　　　　　　　　（明14・巻三・政刑・45ウ）
○赦　大赦にあつて流罪を免かれたから皇恩はありがたいものでございます。
　　　　　　　　　　　　　　　　　　　　　　　　　　（明37・p.156）

　　上の用例のように、江戸写本で盛んに用いられた「ゴザル」は姿を消し、ほとんど「ゴザイマス」の形に変化している。「ゴザル」は、江戸写本では頻繁に用いられたが、十四年本・再刊本・宝迫本の「マス」と結合した「ゴザリマス」を経て、明治三十七年本の「ゴザイマス」に至る。「ゴザル」→「ゴザリマス」→「ゴザイマス」に変化の様相を追うことがで

---

31)「デゴザル」の該当するところの敬語的要素をもつ韓国語の表記は、읍(59例)、샤(38例)、샵(4例)、시(3例)、요(1例)、읍시(1例)、외(10例)、로쇵(9例)である。一方、「デゴザル」に訳されているにもかかわらず敬語的な要素を持ってない例もある。たとえば、「로니」「여」「니」が各々1例ずつある。巻一三十八オ 王后・巻一五十七ウ 形・巻二 三ウ 鳥 がその例である。

きる。「ゴザル・ナサル・クダサル・オッシャル・イラッシャル」が下にマスを付けた場合、「リ」のまま「ゴザリマス」であるか、「ゴザイマスか」という音便形になるかについて、飛田(1992)[32]は「リからイへの交替がみられ、古形から新形へと、江戸語から東京語への推移」としている。

(5) 「ジヤ」と「ダ」

明治十四年本における断定の「ジヤ」が宝迫本及び明治三七年本で、どのように変化していくかを調べてみた。「ダ」は体言や準体助詞などに付いて敬意を含まない断定の意味を表す。明治39年の『口語法調査報告書』第39条および『口語法分布図』の「ダ・ヂヤ・ヤ等の分布図」に表われているように、「ジヤ」は上方語、「ダ」は東国語ないし江戸語としてよく知られている。

明治十四年本では、終止形として用いられた「ジヤ」の例が59例で、その中、明治三十七年本では、「ダ」に変化した例が48例、「デゴザイマス」に変化した例が2例、「デス」に変化した例が4例ある。次の例文のように「デアル」になった例もある。それぞれの用例は次の通りである。

○貸　カリテ用イタモノハ早速モドシテヤルガ道理ジヤ

(明14・巻二・買賣・44ウ)

○貸　かりたものは直ぐに返へすが當り前だ。　(明37・買賣・225)

○悟　ーテミルニ世上ノ人心ハタノミニナラヌモノジヤ

(明14・巻四・心使・20ウ)

32) 飛田良文(1992)は、「当時の標準日本語ではナサリマスとナサイマスが並存しているようで、朝鮮語会話書においても資料による偏差が多い。しかし、全体的な傾向としては「リ」から「イ」への使用が増大する」(p.633)と述べている。

○悟　　わかつて見ると世の中の人の心といふものは頼みにならないも
　　　　　のである。　　　　　　　　　　　　　　　　　　　　（明37・心情・p.275）

　「ダ」は明治三十七年本から見え始め、その用例の数が311例にも及
ぶ。これは明治時代に入って「だ」がどれほど一般化したかを端的に示
すものにほかならない。反面、「ジヤ」は、明治三十七年本で次の1例
しか見当たらない。かつてあった「ジヤ」がほとんどの場合、「ダ」また
は「デアル」や「デス」という表現に入れ替えられている。

　　　○英雄　　天下の英雄じや。　　　　　　　　　　　　（明37・稱呼・p.107）

　「ダ」は次の用例のように、過去形の「だった」、推量の「だろう」とい
う形で用いられ、「ことだ」や「ものだ」などのように形式名詞とともに
用いられるものも多い。

　　　○碁　　　碁はなぐさみのうちではゆつくりした遊びだ。
　　　　　　　　　　　　　　　　　　　　　　　　　　　（明37・遊技・p.184）
　　　○豪傑　　あの人は實に豪傑だつた。　　　　　　　（明37・稱呼・p.107）
　　　○龍　　　龍が登るから雨が降るだろう。　　　　　　（明37・魚介・p.92）
　　　○戰場　　戰では勝つた方が兵器を澤山分捕るものだ。
　　　　　　　　　　　　　　　　　　　　　　　　　　　（明37・征戰・p.170）

　「ダ」は、＜表10＞で示しているように、『交隣須知』の苗代川本・明
治十四年本・再刊本・『韓語訓蒙』ではまったく例が見られかったの
が、明治20年代刊行された『日韓英三国対話』『日韓通話』『交隣須知』三
十七年本になると各々3例・12例・311例と飛躍的に増えている。その反
面、「ジヤ」は明治20年を境にして使わなくなる。

一方、明治初期刊本の「ジヤ」の使用は、江戸写本と比して大きな変化は認められない。これは明治初期刊本の地方色や成立背景と関わりを考えねばならない。特に宝迫本での「ジヤ」の使用が目立つ。これは、松下大三郎(1901)の「ジヤ」の項に「ダに等し。ヂヤは東京にては用いず」という記述もあり、宝迫本を編集した宝迫繁勝が山口出身であることと日本語文を書きこむスペースに制限があったため、「ジヤ」を多用したものと推察される[33]。

　以上、『交隣須知』における断定表現の変化の傾向から、階層制度的な待遇法から、人格尊重的な待遇法、又は自己品格維持のための待遇法、及び当時の社会的な雰囲気に合う単純な待遇法に変化してきたことが指摘できる。以前までの身分制度が崩れ、特権階級に対して用いられた敬語を日常敬語として用いるようになり、それも口頭語でより使いやすい「デス」「ダ」「マス」が選ばれるようになったといえる。つまり、身分や階級に応じる待遇表現から、「マス」や「デス」のような新しく形のシンプルな文末が定着の様子が『交隣須知』にも如実にあらわれているといえる。

5. おわりに

　本章では、形容詞のイ音便・命令表現・断定の文末表現について見てきた。その結果、『交隣須知』の明治刊本における語法には、「待遇表現

---

33) 飛田良文(1969)によると、「ジヤ」は歌の文句か慣用句として用いられたという。

の発達」・「形の単純化・簡素化」・「円滑かつ効果的なコミュニケーションための表現の増加・変化」が特徴としてあげられる。

　『交隣須知』に取り上げられている日本語は、日常生活語であり、その言葉が時代の変遷に伴って移り変わっているため、諸本を比較することによって「近代語の形成過程」(特に東京語の形成過程)を一目で把握でき、変遷の実態を伝える価値の高がい近代語資料と言える。また、本書は以後出版された数多くの朝鮮語会話書に多大な影響を与え続けたのである。

第4章

『日韓通話』の特徴とその日本語

1. はじめに

　先学によって『捷解新語』・『交隣須知』・『隣語大方』などの朝鮮資料が日本語史の資料として利用されてきてはいるが、朝鮮語資料全体からみれば、ほんの一部にすぎない。明治期の朝鮮語会話書を日本語史の資料として利用するために書目の整理はもちろん、諸本の検討などの基本的な作業がもっと進まなければならないと考えられる。

　そこで、本章では、その作業の一環として明治期の代表的な朝鮮語会話書である『日韓通話』を考察した。『交隣須知』が江戸時代から明治前期にかけての朝鮮語会話書としてその役割を果たしたのに対して、『日韓通話』は明治中期から明治後期にかけて朝鮮語を学習しようとする多くの人に利用されてきたものである。

　『交隣須知』とともに多く用いられてきた『日韓通話』における書誌的調査、構成などの特徴、日本語の様態、そして対応された朝鮮語の対

訳から当時の語彙の意味用法についての考察を行う。

2. 書誌の概要

　前間恭作と共に『校訂交隣須知』の編著者であり朝鮮総督府通訳官でも
あった藤波義貫は、『月刊雑誌朝鮮語』の「私が朝鮮語を学んだ頃—二三
十年前を顧みて—」[1]という手記で「二三先輩の指針で最初日韓通話一冊
を手に入れた」と『日韓通話』の内容に沿って朝鮮語の学習に取り組んだ
ことを日韓通話の内容を取り上げながら詳しく説明しており、当時『日
韓通話』は朝鮮語を学ぼうとする多くの日本人が手にしたことを語って
いる。また、校閲を手がけた柳苾謹も、『日韓通話』が『交隣須知』や『隣
語大方』に継ぐべきものであることを序で次のように述べている。

> 「夫学者所以探其源而語者亦所以傳於人而通其意也如或聞見不博講隷未熟則
> 其於言語文字之間未兌金根之繆而反被楚咮之歎牟其関係顧不重歟自丙子開
> 港以後交隣須知隣語大方諸書倶為指南於韓語之学而顧今日韓通話一帙又出
> 於貴国人所編其為書也大而自堪興歳時小而至日用技芸草木禽獣事類而易見
> 義釈而易知譬如土壌悉会泰山湑流同帰大海白玉良壁挙萃珍於藍田瑤草琦花
> 咸托根於名園歴観象胥之書博摘事物提挈綱維未有若是之詳且侭者也」

　その『日韓通話』は、初版が明治26年(1893)に出版され、明治41年
(1908)まで6版を重ねた。明治26年本は国立国会図書館に、明治28年本は
東京大学東洋文化研究所、明治37年本は山口大学経済学部及び東京経済
大学櫻井文庫に、明治41年本は国立国会図書館に各々所蔵されている。

---

1) 朝鮮語研究會(1925)、pp.187~194。

<図11>『日韓通話』

　本章で扱う資料は国会図書館所蔵の明治26年の初版本とする。明治26年本の出版地は長崎県の桟原町、出版者は國分建見、出版年は明治26年10月、大きさは22×13センチで総186ページからなっている。この初版には上段に「増補」欄が設けられている[2]。再版から付け加えられる「増補」部には、「在朝鮮京城　國分象太郎編纂」とあり、「第二十二章　政治・第二十三章　教育(学校)[3]・第二十四章　船車・日韓訓点千字文」といった目次に沿って近代社会に係わる新しい概念を表す用語を「単語」の部に並べ、「連語」の部には用例、そして最後に朝鮮における基本漢字千字の日本・朝鮮の両国の読み方が添えられている。なお、明治41年に刊行された第6版の増訂には「第十五章　刑罰・第二十六章　官制・第二十七章 商業・第二十八章 旅行」の48ページが新たに追加される[4]。

---

2)　初版から6版まで本文を上下に分けて上の欄を「増補」と称している。再版からは兄の像太郎が22章から24章・千字文を付け加えたところも「増補」と称している。拙論では、便宜上、上の欄を「増補欄」、後ろに付け加えられたところを「増補部」と区別する。

3)　目次には「教育」と示しているが、本文には「学校」となっている。

4)　本論文の＜第3部資料論・明治期における朝鮮語会話書の概要と特徴＞を参照。[M20-2]『日韓通話』(初版)、[M20-21]『日韓通話』(再版)、[M40-3]『日韓通話増訂』

○政府・自主・独立・実力・基礎・仕官・用兵・兵丁・参謀官・首相

（政治・p.1）5)

○政府ハ国ノ政治ヲ司ドルトコロデス （政治・増補・p.6）6)

○師範学校デ人材ヲ教ヘ教育法ヲ知^{シリシカルニチ}然後学校ノ教師トナシマス

（学校・増補・p.9）

○日本東京カラ神戸マデ火輪車ニ乗ルノデスカ （船車・増補・p.14）

○人(ヒト・ジン・사름인) / 果(コノミ・クワ・실과과) / 制(ツクル・セ
イ・지을제) （日韓訓点千字文・p.2）7)

　本書は、対馬の士族出身である國分國夫が釜山で玄采と李重元の協
力のもと、出来上がった原稿を京城に送り、兄である國分象太郎が校
正を加え、柳芝根・朴齊尚の二人の朝鮮人の校閲を受けたものとい
う。朝鮮人の検証を経たものであるだけに本書の朝鮮語が確実なもの
であることを強調している。そういった経緯を國分國夫は緒言で次の
ように述べている。

　　　「予カ該書ヲ起稿スルヤ朝鮮京城ノ人玄采及び李重元ノ二氏偶々釜山ニ留
　　　寓スルニ逢ヒ就テ質ス所ロアリ両氏補助尤モカム稿成ニ及ンテ尚ホ京城ニ
　　　送リ之カ校正ヲ加ヘ韓儒柳芝根朴齊尚両氏ノ検閲ヲ受ケタルモノ也」

　著者の國分國夫は対馬の人、対岳と号した実兄國分象太郎とともに
朝鮮語学者である。釜山における語学所の教官として釜山に滞留した
が、早逝した。本書は著者の歿後遺族によって出版された8)。奥付に

　（第6版）
5）掲出単語から任意に選らんで引用した。
6）本論文の例文の引用に際しては、漢字の旧字体を新字体に改めている。
7）この千字文の漢字には、右に訓読み、左に音読み、下に朝鮮語訓読が付されて
　　おり、両国の漢字音が比較しやすい。
8）桜井義之(1974), p.114。

編集人として故國分國夫と記されており、『日韓通話』が國分國夫の死後、発行されたことが知られる。

　奥付には、國分國夫を長崎県対馬の士族として紹介している。当時京城に駐在しながら『日韓通話』に手を加えた兄の象太郎[9]は、厳原で士族國分建見[10]の長男として生まれた。彼は明治5年(1872)外務省が設置した、府中港に近い光清寺の韓語学所で韓国語を学んだという。明治12年(1879)8月、釜山領事館の稽古通詞を命じられたが、翌年には、東京外国語学校の朝鮮語学科に入学、3年間給費生として勉強をした。明治18年(1885)、象太郎は京城領事館御用掛兼裁判所書記心得となり、明治21年(1888)に領事館書記生、明治23年(1892)に公使館書記生、明治23年に公使館に二等通訳官、明治25年に一等通訳官、明治33年には通訳官から書記官になったという[11]。

　『日韓通話』は、朝鮮語が中心となりそこに日本語の対訳をつけたもので、日本人のための朝鮮語学習書であると同時に、朝鮮人のための日本語学習書としても活用できるものである。編者である國分國夫の緒言に、「該書ハ又朝鮮人ノ日本語ヲ学ブ二便ナラシメンガ為メ訳字ノ傍二仮名ヲ付シ名ケテ日韓通話トハ称シタリ請フ之ヲ諒セヨ」とあり、『日韓通話』が両方の教材として活用できるように作られたという趣旨を明らかにしている。そういう趣旨からか朝鮮人の日本語の学習のため訳字のそばに仮名をつけており、その書名も『日韓通話』と称したようである。題目の由来および本書の編述の目的や趣旨などについては、漢城節である大石正巳・木下真弘が序を寄せているので、下記に

---

9) 國分象太郎は1861年に生まれ、1921年京城で逝く。
10) 本書の発行人でもある。
11) 舘野哲(2005)、pp.34~39。

転記する。

　　　「凡そ人海外に出て官商に従事するもの其國語に通暁せす徒に口交際の敦
　　　睦を説き商業の發達を求むるも奚ろ得へけんや正巳渡韓以来我邦人の韓語
　　　に通するもの甚少きを歎して不止也然るに此頃國分國夫君韓語学書の編纂
　　　成るあり日韓通話と云ふ」　　　　　　　　　　　　　　　　　（大石正己）

　　　「保存交易ノ本ハ親密ニ在リ親密ノ本ハ言語ヲ通スルニアリ一衣帯水ノ國
　　　ニシテ充分ニ親密交易ノ利ヲ得サルハ一ニ言語ノ通セサルニ依ル豈遺憾
　　　ナラスヤ國分二氏茲ニ観ル所アリテ此書ヲ著ス両国将来ニ裨益スル大ヒナ
　　　リト謂ツヘシ航海商業ニ従事スル者此本ヲ斎サスンバ宝ノ山ニ登リテ手
　　　ヲ空スルノ譏ヲ免レサラン豈但商業航海ノ徒ニ限ランヤ両国ノ機関ニア
　　　リテ東洋全局ニ心ヲ用ユル者或ハ以テ交渉ノ筌蹄トスルコトアラン書成
　　　ル」　　　　　　　　　　　　　　　　　　　　　　　　（梅里木下真弘）

　編著者である國分國夫も明治25年(1892)11月に記した緒言にその編纂
趣旨を次のように明記している。

　　　「旧来ノ交通一層ノ親密ヲ加ヘ貿易通商ハ年一年ヨリ旺盛ナリト雖彼我言
　　　語ノ相通セサルニ於テハ交際或ハ親密ヲ欠キ商業時ニ利ヲ失フ　ナキヲ保
　　　ス可カラズ果シテ我ラハ交際ニ商業ニ其語ヲ学フノ急務ニアラザルハナ
　　　シ　而シテ朝鮮語ヲ學フモノ其書ニ乏シカラスト雖業務多端寸時ヲ争フ今
　　　日ニ当リ極メテ迅速且容易ニ日常談話ノ大要ヲ學フノ書無キモノ、如シ之
　　　レ余カ遺憾トスル所ロニ　浅学ヲ顧ミス一書編集スルノ止ヲ得サラシメタ
　　　ル所以ナリ聊カ世人ノ為メ裨益スル所ロアラハ幸甚」

　韓国との交易のため朝鮮に渡るものの朝鮮語が通じる者が少ないこ
とに嘆き、朝鮮語の教材が乏しい中、その問題を解消するため、國分
國夫が『日韓通話』を編集し、これは日用に必要な言葉を網羅して世間

の朝鮮語(韓語)[12]を学ぶ人の便宜を図ったもので、交際や商業に携わる人には多大な利益をもたらすものである旨である。

3. 『日韓通話』の構成

　本書の体裁は、罫線を入れて上下の二段に分けてある。上段は全体の5分の1のスペースを占めており、「増補」と称している。この上段の「増補」には、単語や比較的短めの問答体あるいは単独の文章を掲載し、語句の用法に慣れさせることを目的としている。わかりやすく言えば単・熟語帳のようなものである。5分の4のスペースを占める下段には、覚えるべき基本的な単語及び上段にある単語や「連語」という自由自在に活用できるよう長い文章を掲げている。上下いずれも朝鮮語が主になってその右側に日本語の対訳が付されている。

　表記は、ハングル本文の右側に漢字交じりの片仮名日本語文を対応させ、所々ハングル本文の左側に直訳の漢語をつけている。その漢語は朝鮮固有のものであるため、日本語として見慣れないものが多い[13]。

　『日韓通話』は、教科書として活用されることを前提にし、本文の単語および連語を、増補の部の談話訳文の補助として学生自ら活用できるよう構成している。これは、上段で覚えた単語や連語を下段で応用

---

12) 当時国名が韓国(旧韓)であったため、「韓語」という言い方が正しいのであるが、ここでは便宜上「朝鮮語」とする。
13) 「閑暇(p.28)・擾亂(p.51)・害當(p.65)・生覺(p.65)・對接(p.66)・船艙(p.79)・片紙封(p.84)」など

例を提示することによって学習の効率を高めようとする意図のあるものとみてよいだろう。構成の特徴についてその緒言に次のように述べている。

「毎章ヲ単語及ヒ連語ニ分ツ其主意先ツ単語ヲ学ビ後連語ニ進マシム単語ニ訳ヲ付セサルハ専ラ修学者ノ暗記及ヒ練習ニ便ナラシムルニアリ而シテ連語ハ単語ヲ基トシテ問答的若クハ単独的ノ談話ヲ組立テ以テ単語ノ応用如何ヲ示セリ増補ノ部ヲ設ケタルハ本文ナル単語及ヒ連語ト対照シ自由自在ニ転換活用セシメンカ為メナリ又学校ノ教科書ト　ハ先ツ本文ナル単語及ヒ連語ヲ教授シ増補ノ部ヲ以テ談話訳文ノ補助及転換ノ用ニ供セハ学生自カラ活用ノ力ニ富ミ能ク千変万化ノ談話ヲ為スニ難カラサルヲ信ス」

上の緒言および大石正巳が寄せた序に「日用必要の語悉く此編に網羅」したと強調しているように、上下欄いずれも日常語を用いた実用的な単語や文章からなっている。そして國分國夫も、「該書ハ欧米ニ於テ行ハルヽ会話篇ノ順序ニ倣ヒ日常ノ談話ニ切要ナル單語連語ヲ蒐輯シ全篇トナセリ而シテ」と記して、本書が欧米の会話篇を真似したことを明らかにしているが、ここで國分國夫がいう「歐米ニ於テ行ハルヽ会話篇」は、何を指すかは不詳である[14]。ただし、部立ては『交隣須知』と似かよっているところが多数見られ、相当の部分『交隣須知』の明治14年本と本書の目次を次のように並べてみると、相当の部分が一致している。

---

14) 目次が部分または全体的に類似する同時期の英語会話書には、『改正増補蛮語箋』（嘉永元年・1848）、『ゑんぎりしことば』（万延元年・1860）、『改正増補英語箋』（万延2年・1861）、『和英通語』（明治5・1872）、『KUAIWA HEN』（明治6・1873）、『英和通信』（明治6・1873）、『英仏通弁自在』（明治15・1882）、『英仏通弁自在』（明治16・1883）、『英語日用弁』（明治19・1886）、『独和会話篇』（明治19）、『英語通弁』（明治21・1888）、『英仏和日本学校用会話新篇』（明治22・1889）など数多くあるが、國分國夫が何を参考にしたかは定かではない。

<表11>『日韓通話』と『交隣須知』の目次

```
『日韓通話』
第一章　朝鮮諺文並日本仮名・第二章　朝鮮諺文組成区別・第三章　綴字発音法・
第四章　基数・第五章　天然・第六章　月日・第七章　時期・第八章　身体・
第九章　人族・第十章　国土及都邑・第十一章　文芸及遊技・第十二章　官位・
第十三章　職業・第十四章　商業・第十五章　旅行・第十六章　家宅・第十七章
家具及日用品・第十八章　衣服・第十九章　飲食・第二十章　草木及果実・
第二十一章　家禽獣
```

```
『交隣須知』
巻之一　天文　時節　方位　地理　江湖　水貌　船楫　人品　官爵　天輪　頭部
身部　形貌　羽族
巻之二　蔬菜　農圃　果実　樹木　花品　草卉　宮宅　都邑　味臭　喫貌　熟設
売買　疾病　行動
巻之三　墓寺　金宝　鋪陳　布帛　彩色　衣冠　女飾　盛器　織器　鉄器　雑器
風物　視聴　車輪　鞍具　戯物　政刑　文式　式備　征戦　飲食
巻之四　静止　手運　足使　心動　言語　語辞　心使　四端　大多　範囲　雑語
逍遥
```

　<表11>の目次の比較から、部立てにおいて明治14年版『交隣須知』の流れを汲んでいる事実が浮かびあがる。その他にも、韓国語本文に対応する日本語の対訳があること、上下段に分けて上の見出しに本文の単語や連語を提示しているということ、またその会話文の内容がよく類似しているのは確かであり、『交隣須知』の系統を引くものと考えてもよさそうである 。

○換銭　カハセニシテツカヒマス　　　　　　　　（『交』売買・巻2・48）
○日本銭ヲ朝鮮銭トカヘテクダサイ　　　　　　　（『日』商業・p.117)[15])

○唖　オシハモノヲ言ヒエヌニヨリキゼキニシマス
　　　　　　　　　　　　　　　　　　　　　　　（『交』疾病・巻2・51オ）

---

15) 引用文献は次のように略して示す。『交隣須知』14年本(『交』)、『交隣須知』京大
　　本(苗代本)(『京』)、『日韓通話』(『日』)

○オシハモノ云フ　ガ出来ズツンボハハナシヲキク　ガ出来ヌカラキゼキ
　デアリマス　　　　　　　　　　　　　　　　（『日』人族・p.70）

○櫓　櫓ヲオセ　　　　　　　　　　　　　　（『交』舟楫・巻1・26）
○泊　舟ヲツケヨ　　　　　　　　　　　　　（『交』舟楫・巻1・27オ）
○櫓ヲオシテ島ニ舟をツケヨ上陸シヨウ　　　　（『日』天然・p.20）

○掌　手ノハラヒロゲラレヨ　　　　　　　　（『交』身部・巻1・47ウ）
○手ノヒラヲ広ゲヨ一握ヤロウ　　　　　　　　（『日』身体・p.47）

○京都　ミヤコノ人ハ言ガキレイニゴザル　　（『交』都邑・巻2・38ウ）
○都ノ人ハ詞ガ綺麗デ田舎ノ人ハナマリガ多ウゴザリマス

　　　　　　　　　　　　　　　　　（『日』国土及都邑・p.73）

○精　精神ヲイレテ稽古スレバナルマイカ　　（『交』語辞・巻4・16オ）
○精神ヲ入レテ稽古ヲタシカニナサレマセ　　（『日』文芸及遊技・p.89）

○琴　――ヒケ小歌ウタハウ　　　　　　　　（『交』風物・巻3・33オ）
○琴ヲ弾キウタウ様子ガ面白ヒデス　　　　　（『日』文芸及遊技・p.91）

○簾　スダレノアイカラノゾイテ見ラレヨ　　（『交』墓寺・巻3・2ウ）
○スダレヲ掛タニヨリ外カラ内ガ見エマセヌ　（『日』家具及日用品・p.139）

　上の用例は、『交隣須知』の例文を参考にしたものとみられる用例
で、『日韓通話』が『交隣須知』の系統を受け継いでいることを示唆して
いる。ただ、『交隣須知』が文字、発音など基本的なことをマスターし
たのを前提にした会話の用例集であるのに対して、『日韓通話』は「朝鮮
諺文並日本仮名」・「朝鮮諺文組成区別」・「綴字発音法」・「基数」の文
字・発音・数字などの項目を設けており、初心者でも文字や発音と

いった基礎から学習できるよう配慮したものであることが両者の相異点といえる。

4. 『日韓通話』の日本語について

『日韓通話』について、小倉進平は『朝鮮語学史』で「第五節・内地人の著」に下記のように紹介しおり[16]、『日韓通話』がいかにも当時の会話書として代表的であるかを力説している。

> 日韓通話(一巻)國分國夫　明治26年
> 全篇二十四章より成り、諺文の組織・綴字・發音等より説き起し、基數・天然・月日・時期等の項目に關連し多數の會話を掲げて居る。明治時代に於ける新式會話書の先驅をなすものであらう。

つづいて本書の会話文にには当時の日本語が表れているかについて考察してみることとする。

4.1. 原因・理由

本書では理由・原因を表すものとして接続助詞や形式名詞、連語である「ニ」「カラ」「ユヱ(故)」「ニヨリ」「ニツキ」を用いている。『交隣須知』の江戸写本(京大本)で多数用いられた接続助詞「ホドニ」が本書には現われていないのが特徴でもある[17]。次に、『日韓通話』の接続表現の

---

16) 小倉進平(1964) p.63。
17) 『交隣須知』の京大本の「ホドニ」が明治刊本になって「ニ」、「ニヨリ」、「ニツキ」、「ユヱ」、「カラ」などに改められていることと通じるものがある。

用例及びあてられた朝鮮語訳を示に次に。

○目ヲ閉テ眠ツタ二胸ガ壓テネムリガサメマシタ　　　　　(p.52)
　눈을굠쇼드러누엇더니、 ㅁ위가、 눌녀、 드러누엇더니、 ㅁ위가、 눌녀、
　즁이씨엿소

○コノ近方ノ畑ガ肥ヘタルヲ見ル二農業ヲ勉メルラシイデス　(p.74)
　이근방밧치、 건거슬、 보니、 농亽를、 심씨허나보오

○シヤクリガデルカラ水一盃汲ンデコイ　　　　　　　　　(p.54)
　피기가나니、 믈흔ㄱ룻、 써오ᄂ라

○ソノ女ハ世帯ヲネンゴロ二スルカラ人毎二ホメマス　　　(p.58)
　그계집은、 술님을、 부즈런이、 허니、 저마다、 기리업늬다

○七日ブリ二休ム二ヨリ八日ハヒマナ日デス　　　　　　　(p.28)
　일엣만에、 쉬니、 초여드렛날은、 한가흔、 날이요、

○ソノ人ハ元来性質ガ猛悪ナ二ヨリ必ズ近クオ交ハリナサレマスナ(p.69)
　그사름은、 근본、 셩품이、 사나우니、 부ᄃ、 갓가이、 사귀지、 마옵시오

○十二月ハ期限デスユエ必ズマチガヘマスナ　　　　　　　(p.26)
　셧둘은긔한이오니、 부ᄃ、 실긔치、 마시오

○時ガ遅ル、故先キ二オ往キ私モアトカラジキ往キマセウ　(p.32)
　째가、 느저가니、 몬져가오、 나도、 뒤밋쳐、 즉시、 가리다

○メクラハ何にも見ルㄱガ出来ヌ二ツキアセガリマス　　　(p.71)
　소경은、 아모것도、 보지못허기로、 극급허여허오

　『交隣須知』の江戸写本では、韓国語本文が原因・理由を表わす場
合、その日本語の対訳としては「故(ユエ)」「二ヨリ」が「~니」という朝鮮

語対訳に、「ホドニ」は「~듸(di)」など特定の朝鮮語対訳として対応しており、いわゆる対訳意識によって行なわれていることがうかがえる。ところが、『交隣須知』の明治14年本には「ニヨリ」は「~[(u/a)nil]」、「カラ」は「~으로[uro]、니[ni]」、「ユヱ」「~매[mæu]、느니[nuni]、오니[oni]、고로[goro]」、「ニツキ」「~기에[gie]、니[ni]」になり、対訳意識が薄れていくように見受けられると同時に、朝鮮語対訳が「~니[nil]」に統一されていく過渡的な様相も見受けられるのである。それが『日韓通話』には、さらに対訳意識による朝鮮語の使い分けはほぼなくなり、原因と理由の場合には上の例文のようにその対訳として「~니[nil]」のみが対応している。

　次に、『交隣須知』および『日韓通話』における接続助詞の使用数について調べてみた。その結果をまとめたのが＜表12＞である。

＜表12＞『交隣須知』・『日韓通話』における接続表現の使用数

	カラ	ニヨリ	ニ	ユヱ	ニツキ
交隣須知(明治14年)	2	305	44	44	25
日韓通話(明治26年)	131	29	8	3	1

　＜表12＞から見られるように、『交隣須知』では「ニヨリ」が圧倒的に多かったが、『日韓通話』では「ニヨリ」はその使用数が減少し、それと入れ替わって「カラ」の使用数が増加する。「ユヱ」と「ニツキ」の使用も減り、各々3例と1例しか用いられていない。『日韓通話』では、「カラ」がその勢力を広めていることが一目でわかる。ただ、「ノデ」はまだ出現していない。この結果は、京極(1986)の小学校国語教科書を中心とした「カラ」「ノデ」の使用に関しての調査結果[18]と一致しており、『日韓

通話』も社会一般の言語、およびその変遷を直ちに反映しているとはいいにくい面がある。

4.2. 推量表現

様態・推量を表す表現として「ソウ」を接続させて表す言い方があるが、本書では、動詞や形容詞の終止形に接続して様態・推定を表している。それが様態か伝言かというのは、「～듯허오(ttuthao)」(～のようである)「～가・나보다(ga・naboda)」(～みたいだ)という朝鮮語対訳を参考にした。

○顔ノ痘斑ヲ見ルニドウデホウソウヲ重クシタソウナ
　　ﾅﾁ、얼근거슬보니、아마도、역질을、즁이、허엿나보다　　　　（p.44）

○総身ガミナイタムカラドウデ瘧ヲフルウサウダ
　　왼몸이、다압푸니、아마、학질을、어덧는가　보다　　　　（p.50）

『交隣須知』京大本には、様態を表す「ソウ(ニ)」[19]が32例あるが、そのうち、連用形に接続した場合は7例に過ぎない。他は2例が名詞に「ソウ(ニ)」、残り21例は動詞や形容詞の終止形に連なっている。

○雲　　クモガアツマテアメガフリソフニゴザル　　　　　（『京』巻1・3）
○早　　ヒデリデ穀食ガミナカレソウニアッタニ　　　　　（『京』巻1・5）
○飽　　ヨケイニタベタユエハラガヤフレソウニゴザル　　（『京』巻3・54）

---

18) 明治20年代までは、主に「カラ」が中心となって用いられており、「ユエ」が少数であるが登場する。「ノデ」は明治30年代になってその用例が見え始める。
19) 「ソウナ」が1例、「ソウデ」が1例、残りはすべて「ソウニ」である。

○敏捷　同官子イコフ<u>サトイソウ</u>ニゴザル　　　　　　　　（『京』巻1・34ウ）
○雀　　ス、メガサワクヒガ<u>クレタソウ</u>ニゴザル　　　　（『京』巻2・3ウ）

○内医　──京都<u>人ソフ</u>ニゴザル　　　　　　　　　　　（『京』巻1・41）

　『交隣須知』の明治14年刊本にも、26例の様態、推定を表す「ソウ（ニ・デ・ナ）」のうち、動詞の連用形に接続する場合はたった2例しかみあたらない。他は名詞に接続する場合が1例・形容動詞のナ形に接続する場合が2例、そして21例が動詞・形容詞の終止形に接続している。

○雛　　タトヒサヤウデモ<u>シサウナ</u>コトデハナイカ　　　（『交』巻4・15）
○羨　　─マズシテソノ人ノ動静ヲ手本ニ<u>シサウナ</u>　デアル　（『交』巻4・21）

○勇　　コノ人ハヒドク<u>一気ナソウ</u>ニゴザル　　　　　　（『交』巻1・32）

○潜着　貪着シテメシトキモ<u>忘レタサウ</u>ニゴザル　　　（『交』巻4・25ウ）
○順　　─ニモノ云フ人ハ内ガ<u>広イサウ</u>ニゴザル　　　（『交』巻4・35ウ）
○盈々　──タル水ニヘダテラレテ<u>マイリエヌザウ</u>ニゴザル
　　　　　　　　　　　　　　　　　　　　　　　　　　　　（『交』巻4・47ウ）

　ところが、本書には次のように形容詞「ヨイ」の語幹に「サ」が付いた形に接続している場合も次の3例がある。

○ヤケガ夕方^{ユウガタ}カケラカラ明日^{ミヤウニチ}ハ天気^{テンキ}ガ<u>ヨササウ</u>デス
　놀이、 져녁째、 쓰니、 니일은、 일의가、 <u>죠흘쏫허오</u>　　　（p.17）
○フシガナイカラ板^{イタ}ヲヘゲバ<u>ヨヨサソウ</u>ダ
　옹이가、 업스니、 널을、 켜면、 <u>죠흘쏫허오</u>　　　　　　（p.175）

すべて状態や性質などに関して「そうであろう」という推察や判断を

表しており、形容詞「ヨイ」に連なっている。この場合にも朝鮮語の対訳が「죠흘뜻허오(johulttuthao)」になっていることから推量と判断した。

形容詞・形容動詞・動詞の終止形＋「ソウダ」は伝聞、連用形＋「ソウダ」は推量といった機能分化は朝鮮資料においては、江戸時代からその兆しは観察されるものの、明治期に入ってもその分化が確定せず中期までゆれ続けていることが推察できる[20]。

4.3. 二段動詞の一段化

明治10年代の朝鮮語会話書で二段活用動詞を見かけるのはそれほど難しくない。明治26年刊の『日韓通話』においても次のように8例も見られる。

○時ガ遅ル、故先キニオ往キ私モアトカラジキ往キマセウ
　째가、느저가니、몬져가오、나도、뒷밋쳐、즉시、가리다、　　　(p.32)

○急ニ入用ガアルノデスカ何日ニオ遣シ下サル、積リデスカ
　급히 쓸졔가、잇는데、어느날、드려보내여、주실터이요、　　　(p.38)

○其中ノ肝要ナモノヲ明年ノ今頃ニ又得ラル、道ガアルト云ヒマス
　그즁、요긴흔거슬、명년이째쯤、이라야、또、어들길이、잇다허오、(p.40)

○涙ヲ流ル、ニヨリ何ガサホドニ悲シクアリマスカ
　눈물을、흘니시니、무어시、그대지、셜으시요　　　　　　　(p.44)

○マゴモアリヒマゴモアルト云ハル、カラサヤウナ珍シイ「ハゴザリマセヌ
　손즈도、잇고、증손이잇다、허시니、그런、희한흔、일이、업스외다
　　　　　　　　　　　　　　　　　　　　　　　　　　　　(p.61)

---

20)「サウ」の他に様態、推量表現として「ラシイ」、「ヨウ」を用いている。
　○コノ近方ノ畑ガ肥ヘタノヲ見ルニ農業ヲ勉メルラシイデス(p.74)
　○病デ私ノ容貌ガ痩タニ今日鏡ニ見ルニ少シ直タヤウダ。(p.150)

○監司ハ一道ヲ治ムル高ヒ官デ禄モユタカデス
　감스는、 일도를、 다스리는、 놉픈、 벼슬이라、 녹이、 녁녁허오　　(p.97)
○進物ニ甲斐絹ヲ少シ用ユルカラ店ニ行キテ色々デ五疋バカリ求メテ下サイ
　녜물에、 즁을、 좀쓰갯쓰니、 젼방에、 가셔、 각싴으로、 다섯필만、 어더주소　　　　　　　　　　　　　　　　　　　　　　　(p.101)
○ワルイ品物ヲ持テ来タトテハネラルルカラ荷主ガ失敗デス
　나즌、 물건을、 ᄒ여、 왓다고、 퇴허시니、 님자가、 낭픽요　　(p.112)

　『交隣須知』における二段動詞の一段化について調査した結果、5音節以下の場合、音節数が少ない動詞ほど一段化しやすいという結果が得られた。『日韓通話』の場合にも、4音節と5音節の「遅ルル」・「得ラルル」・「流ルル」・「云ハルル」・「治ムル」・「用ユル」・「下サルル」・「ハネラルル」が二段活用になっている。

　本書における二段活用動詞と一段活用動詞の混在は、動詞の音節数との関連があるものの、本書に用いられている動詞のウ音便[21]、方言色の強い語彙[22]などからみて、著者の出身との関わりを意識せざるを得ない。つまり、著者の出身地である長崎県対馬の言葉遣いが本書に反映されているとう見た方が自然ではなかろうか。

4.4. 打消過去「マセンデシタ」と「マセナンダ」

　松村(1998)は、「マシナンダ」及び「マセナンダ」を江戸語の特徴で、明治の初期から多くの洋学資料に「マセンデシタ」が見られ、明治20年

---

21) ○鎌持テ行テ稲ヲ苅テセオウテ来ヨ(p.148)
　　○ガラス瓶ガコハレテコナゴナニナツタカラ尖リデ足ヲ切リマセウ拾ウテステテラレヨ(p.144)
22) ○ハラガフトツテ一盃ダカラオコブリカヒタスラ出マス(p.48)(対馬)

代には「マセンデシタ」が定着するに至ったとしてあり、ごく自然でありながら明治26年刊行の『日韓通話』にも次のように「マセンデシタ」が用いられている。

　　　○一昨日ハドウシタ訳デオ出ナサレマセンデシタカ　　　　　　　(p.27)
　　　○アスコニオイデナサルオ方ハドナタカ存ジマセンデシタガアナタノ
　　　○仲氏ニオ当リナサレマスカ　　　　　　　　　　　　　　　　(p.62)

　ところが、『日韓通話』には、次のように江戸語の特徴とされる。「マセナンダ」という過去否定の表現が混在している。

　　　○ノミガ多クテ夜ノアケルマデ眠ル　ガ出来マセナンダ　　　(p.52)

　この「マセナンダ」は、「マセンデシタ」という言い方が一般化する過程に、発生したいろいろな形の言い方の一つであるだろうと推測できるし、そういう面で『日韓通話』は貴重な文献であるともいえる。
　それでは、はたして他の朝鮮語会話書における打消過去はどのようになっているのだろうか。江戸時代の写本である『交隣須知』京大本には「マセナンダ」「マシナンダ」が用いられている[23]。一方、明治刊本では過去否定の表現は用いず「マセヌ」や「コトノナイ」のような現在の時

---

23)　○翌日　酒ヲタントノンデ翌日マデサメマシナンダ(京大本・第一巻・昼夜・12ウ)
　　○二日　二日ハカナラズマイロフトサシツレテマイリヘマセナンダ(京大本・第一巻・昼夜・14)
　　○内　─ソンジハイラシマセナンダカ(京大本・第一巻・方位・16)
　　明治刊本では、
　　○翌日　其ヤウニタベテモ翌日マデ酔タコトハナイカ(明治14年本)
　　○初二日　二日ハイソガシイ日デゴザイル(明治14年本)
　　○内　─　ハソンジハイタシマネヌカ(明治14年本)となっている。

制に入れ替えられている。また、本書の出版時期である明治20年代の
朝鮮語会話書には次のように「マセンデシタ」が多数見受けられる。

　　○今年ハ蚕ガ善ク上ガリ<u>マセンデシタ</u>
　　　　　　　　　　　　　　　　（『日韓英三国対話』・明25・第二部p.121）
　　○アリマスガ今日持テ来<u>マセンデシタ</u>　　　（『日韓会話』・明27・p.193）
　　○久シク御目ニ掛リ<u>マセンデシタ</u>　　　　（『日韓会話』・明27・p.198）
　　○見ヘ<u>マセンデシタ</u>　　　　　　　（『日韓会話』・明27・p.204）[24]

　　上の用例のように、明治20年代の多くの朝鮮語会話書には「マセンデシ
タ」のみではなく、明治27年刊の『速成独学朝鮮日本会話篇』[25]には、次
のように「マセナンダ」「ナンダ」が掲出されている。

　　○其時ニ笑ヒタフテコラヘラレ<u>ナンダ</u>　　　　　　　　　　（p.26）
　　○卵ヲカヘサセタニ不調ビデカヘリマセ<u>ナンダ</u>　　　　　（p.183）

　　なお、同時期の英語会話書においては、次のように「ナンダ」「マセ
ンナンダ」専用の場合も多い。『日韓通話』より1年早い『中等応用会話
(Intermediate Lessons in Conversation)』(明25・松田晋斎編・東京)には、
第三十一章「動詞の過去　否決疑問的」(p.89)に次のような用例を紹介して
いる。

　　○Have I not Worked?　　　吾ハ<u>働ラカナンダカ</u>
　　○Has he not received?　　彼ハ<u>受取ラナンダカ</u>

---

24) 本論文の＜3部　資料編・明治期における朝鮮語会話書の概要と特徴＞を参照。
　　[M20-1]『日韓英三国対話』、[M20-9]『速成独学朝鮮日本会話篇』、[M20-8]『日韓
　　会話』。
25) [M20-9]速成独学　朝鮮日本会話篇(明治27.8)

○Has she not received?	彼女ハ受取ラナンダカ
○Have we not punished?	吾輩ハ罰シナンダカ
○Have you not finished?	爾(輩)ハ仕舞ハナンダカ
○Have they not carried?	彼輩ハ運搬シナンダカ

また、平叙文の場合にも、次のように「ナンダ」を用いられている。

○I Have not finished it yet.	吾ハアレヲマダ仕舞ハナンダ
○I have not punished them.	吾ハ彼輩ヲ罰シナンダ

『中等応用会話』の緒言には「本書ノ趣旨ハ今日語言ノ規則ヲ知リ明日之ヲ応用シ以テ語法ノ記憶ヲシテ確実ナラシメ実際対話ニ臨ミ」とあり、この会話書には当時の口語が反映されているものと考えられる。

その他、明治27年(1894)刊行の近藤道常『実用商業会話(Practical Business Conversation)』(近藤道常編、横浜)にも、すべて「マセナンダ」が掲出されている。

○何故汝ハ昨日其ヲ為サレマセナンダカ	(p.3)
○私ハ一昨日汝ニ話シマセナンダカ	(p.3)
○其レハ三日前デアリマセナンダカ	(p.4)
○私ハ其ヲ持テ来マセナンダ	(p.6)
○何故汝ハ彼ノ荷物ヲ送リマセナンダカ	(p.141)
○何故ナレバ彼レハ到着シマセナンダ	(p.141)

一方、明治24年(1991)刊の若松賤子訳『小公子』には、「マセンカツタ」という独特な表現が使われるなど、この時期の打消過去表現は定着してない様子がうかがえる[26]。このように、東京語成立期ともいうべき

26)『小公子』には、13例すべてが「マセンカッタ」になっている。

明治20年代には、「マセンデシタ」がその勢力を広げていく途上にあり、明治25年(1992)刊の『日韓通話』には「ナンダ」「マセンデシタ」が混在しているあり方はその事実をうらべけていると考えられる[27]。

4.5. 語彙

(1) 「アマリ」・「タイソウ」

『日韓通話』での「アマリ」は、「度が過ぎていることについて批判的な気持ちを込めて表す」場合と、「程度のはなはだしいことを表す場合」がある。

> ○月ガアマリ明ルイカラ星ノ光ガアリマセヌ
> 　둘이、화、블그니、별빗치、업스외다　　　　　　　　(p.16)
> ○一度ニ余リ沢山学バウトスレバ却テ忘レ易フアリマスカラート節ヅ、覚ヘラレヨ
> 　흔썹에、너무만히、비우려허만、도로혀、니져버리기、쉽스오니、흔므되식、닉키시요　　　　　　　　(p.82)
> ○代価ヲアマリヒドク云フテ利ヲ倍モ取ラムトシテモ出来ヌニヨリイクラカ引ケ
> 　갑슬、너무과히、불너、니를、갑절이나、먹으려、허여도、못될거시니、얼마간、감허여라　　　　　　　　(p.110)

　上の2つの「アマリ」は、批判的な気持ちを込めて表す場合で朝鮮語の対訳が「너무[nəmu]」がなされており、程度を表す場合には「해[ha]」と区別されているのが特徴である。

　『交隣須知』には程度の高いことを表す「ハナハダシイ」「イコウ」「キ

---

27) 規範性に関する意識も排除できない。

ツウ」「オオイニ」などが用いられていたが、『日韓通話』では「アマリ」
「タイソウ」「ヒドク」といった語彙になっている[28]。

○山ト坂ヲ越テユキ、スルカラ<u>タイサウ</u>ツカレマス

　山과、고개를、넘어、오락가락、허니、<u>대단이</u>、쏘부외다、　　　(p.22)

○今日ハ天気ガ<u>タイサウ</u>ヨロシウゴザリマス

　오늘은、일긔가、<u>민우</u>、죳쏘외다　　　　　　　　　　　(p.35)

○聞ケバオ兄様ガムスコヲ設ケラレタト云フカラ<u>タイソウ</u>ヨロコバシ
ウゴザリマス

　드른즉、빅씨쟝이、아들을、나셧다、허니、<u>민우</u>、깃부외다　(p.62)

○叔母ハメヒヲ<u>タイサウ</u>愛シマス

　숙모가、족하쫄을、<u>민우</u>、ᄉ랑허옵늬다　　　　　　　　(p.63)

○夫ノ性質ガ<u>タイサウ</u>恵ミ深イデス

　남편의、셩품이、<u>민우</u>、인ᄌ허오　　　　　　　　　　　(p.63)

○唐木ガ非常ニ沢山来テ代価ガ<u>タイソー</u>ヤスウゴザル

　당목이、퍽、만이、와셔、갑시、민우、싸오　　　　　　　(p.111)

○此頃大豆ノ相場ガ大<u>ソー</u>ヤスウアリマス

　요ᄉ이、콩、시가가、<u>민우</u>、헐소　　　　　　　　　　　(p.111)

○曲リ道ヲ廻ツテキテ<u>タイサウ</u>遅レマシタ

　구분길노、도라와셔、대단이、느젓소　　　　　　　　　　(p.128)

○心ガ正直デマ<u>コトニ</u>スナホナ　ᄆᆞ음이、바르고、<u>민우</u>、어질다　(p.53)

○格別ナコトデナケレバ売テ往マセウケレドモ値段ガ<u>ヒドク</u>チガウカ
ラ売レマセヌ

　옌간허면、풀고가갯소、마는、금이、<u>과히</u>、틀니니、못풀갯소　(p.110)

────────────

28) 増井(1988)によれば、東京語を意識した結果であるという。

138 近代朝鮮語会話書に関する研究

(2)「ヒタスラ」

「ヒタスラ」は、現代語では、副詞で用いる場合に、「もっぱらその
ことに集中するさまやその状態」、または「完全にその状態であるさま」
を表す。ところが、『日韓通話』に次のような用例が見られる。

○ハラガフトツテ一盃ダカラオコブリカヒタスラ出マス
　　빅가、 불너셔、 속이모만허여、 트림이、 작구나오(p.48)
○甥ガ叔父ト意ガ合フテヒタスラユキ、イタシマス
　　족하가、 슉부허고、 의합허여셔、 자조왓다、 갓다、 허옵늬다(p.63)
○気狂ハタワイナキ笑バカリヒタスライタシマス
　　밋친사름은、 열업시、 우슴만、 자조、 웃습늬다(p.70)

　上の用例の朝鮮語訳は「작구[ʤaku]」「자조[ʤaʒo]」で、「短い期間に何
度も繰り返す」、つまり「しばしば」の意味である。この用法は、『交隣
須知』の明治刊本でも確認できる。

○海　――ヲヒタスラ往来ナサレテマコトニゴメンドフデゴザリマセウ
　　잣곰[gakkum]　　　　　　　　　　　　（巻一・江湖・21ウ）
○酒煎子　カンナベニ酒ヲチツトヅヽアタヽメテヒタスラヒヤ酒ヲソヘテ
ツゲ　　　　　　　　　　잣곰[gakkum]
　　　　　　　　　　　　　　　　　　　　（巻三・盛器・23ウ）
○鳩　――ハ雌雄タハムレヲヒタスライタシマス
　　　　　　조로[ʤaro]　　　　　　　（巻一・羽族・56ウ）
○狂　キノミダレタ痛ハタワイナイ　ヲヒタスラ云ヒマス
　　　　　　조로[ʤaro]　　　（巻二・疾病・50ウ）

　上の「海」「酒煎子」の2例は、「たまに」という意味で、下の「鳩」「狂」
の2例は「頻繁に、しょっちゅう」の意味になってをり、しかも、いず

れもその頻度数を表しており、その用法が注目される[29]。

大槻文彦の『言海』(明治22)には、「ひたすら」の見出しに「[副]只管(直向ノ義ト云)一向ニ。ヒタフル。ヒタモノ。セチニ。一途ニ。「—ニ思フ」「—頼ム」「—願フ」とあり、ここでは「セチニ」が「頻繁に」という意味を表している。また、次のように、ヘボンの『和英語林集成』は初版から三版に「ヒタスラ」の見出しには、語義として「真面目に、本気で、真剣に、激しく、熱烈に、情熱を込めて、しつこさ」の意味が記されている。

> 「HITASZRANI, ヒタスラニ、只管、adv. Earnestly, wholly taken up with, vehemently, importunately. — tanomu, to ask importuly. Gaku-mon wo — susumeru, to earnestly urge anoter to learn. — iken wo kuwayeru, to earnestly caution. Syn. HITAMONO, MOPPARA, ICHIZU-NI, SHIKIRI-NI. 」

同義語として「ヒタモノ」「モッパラ」「イチズニ」「シキリニ」が挙がっており、この中で「シキリニ」が『日韓通語』の用法に当たる。一方、時代は下るが明治40年刊の日本語朝鮮語辞書である『いろは辞書』の「ヒタスラ」の見出しには「頻繁に、しょっちゅう」という用法が載っている。こういうことから、明治期には「ヒタスラ」の用法として「タダソレバカリ、イチズニ」または「程度が完全な様、スッカリ」の意味以外に「頻繁ニ、タビタビ」の意味の用法が知られる。明治後半および大正の朝鮮語会話書における「ヒタスラ」の用法の推移に関する調査は今後の課題にしたい。

---

29)『交隣須知』の14年本には、「ヒタスラ」が11例ある。そのうち、「短い期間に何度も繰り返ししょっちゅう、たびたび」の意味で用いているのが10例、完全にその状態であることを表す全くの用法は「真　—実ナ人ハ他ガヒタスラ欺キエヌ(巻4・p.18)」の1例のみである。

5. おわりに

　明治26年刊の『日韓通話』を日本語資料として検討してみた。その結果、上下段の分割や部立て・日本語の対訳などの構成や例文の内容については『交隣須知』に拠るものが多いという事実が明らかになった。

　『日韓通話』における日本語は、社会一般の言語、および変遷を直ちに反映しているとはいいにくい面もある一方、当時の日本の口語体の成立期の一面をうかがい知ることができる。たとえば、接続の「ニヨリ」「ニツキ」「ユヱ」の使用が減り、「カラ」がその勢力を広め口語としての地位を確立しつつある点、伝聞と推量の機能分化の過程、二動詞の一段化の過程などがそれである。

　語彙の面では、『日韓通話』が日本語史研究に寄与することについて、副詞を中心として取り上げてみたが、朝鮮語対訳を利用することにより、語彙の意味の変化もたは分化を究明に適した資料とであることが明らかになっものと思われる。

第5章

『日韓韓日新会話』考

1. はじめに

　朝鮮語会話書を近代日本語の資料として活用するためには、個々の会話書について丁寧に検討を加える必要があり、検討を重ねていくことで朝鮮語会話書の全体像が把握できるものと考えられる。そこで、本章では明治30年から40年代にかけて、多くの会話書の出版を手がけた島井浩によって刊行された、『日韓韓日新会話』をその研究対象とし、書誌の概要・語彙・会話の内容および島井が著述した他の会話書との関係について調べてみた。また、対訳の性格および五十音図のハングル表記についても言及し、日本近代語資料として位置づけを試みた。

2. 書誌の概要

明治39年(1906)に刊行された『日韓韓日新会話』は、その「注意」に、「本書ハ日人ノ韓語ヲ学ヒ韓人ノ日語ヲ学ブノ楷梯トスル目的ヲ以テ編纂シタレバ」と、本書が日本人のための朝鮮語会話書であると同時に、朝鮮人のための日本語会話書であることを記している。編著者である島井浩は本書の利用者を朝鮮人と日本人の両国の人とし、序文の代わりに「注意」を設け、出版趣旨や方針などを、朝鮮語と日本語の両国語で記しているのである。

本書の朝鮮語の校閲に携わった忠清道の文官である成斗植[1]が序文を寄せており、「日韓両邦境域接連国交頻繁商販相属苟非胥暁方言窒碍不勘況茲者交際益密関係影響尤倍昔比言語要領詎非目下之急先也」と両国の言語学習の必要性を強調し、島井の功績を称えている。その内容を下記に記す。

「在釜山島井浩氏奮然于此甞著成日韓会話実用韓語学二局庸資講肄之程多有稗益継而重輯是編上自乾象曁坤倪草木昆虫之物人事日用常行云為以其国文更互発繹凡厥彙類尤極広大靡不悉備学語捷径交隣折衷未有若是之詳且尽者苟能実力研究不特實諸荘嶽之効已島井浩氏之功曷可少哉凡吾同志宜丞勉旃」

本会話書には、「五十音ハ日語ノ基礎諺文ハ韓語ノ根源ナレハ開巻第一ニ之ヲ掲ケタリ」という方針により、巻頭に五十音図、伊呂波、ハングル[2]を載せてある。また、島井は「外国語を学ぶ際には、とりあえず

---

1) 成斗植(1872.12.1～不詳)は、漢字を学び、1902年判任官6等で漢城副裁判所で働いた。1910年、朝鮮総督府の下では軍書記として活躍した。『日韓韓日新会話』に寄せた序文には、「大韓国湖西二素堂居士成斗植謹識」とある。

＜図12＞『日韓韓日新会話』

文字を熟知し、文法を勉強することで翻訳ができ、その国の書物や手紙,そして事情もわかるようになる。音だけを頼りにして身につければ、意思疎通はできるとしても、ぞんざいな言い方になりがちで、聞き取れないところもあるはずなので、最初から日本仮名をよく熟知しておくべきである」(原文は朝鮮語、筆者訳)と文字と文法による朝鮮語学習の重要性について力説する一方、「文法ヲ初学者ニ説クハ殆ド無用ノ労タルベキヲ信ジ之ヲ省ケリ故ニ韓語ノ文法ヲ味ハントナラハ実用韓語学ヲ閲セラレンコトヲ希望ス」と文法が初学者には無駄であるため、本会話書では省くと述べている。しかし、実際、本書には、次のように語尾変化、助詞、品詞別語彙を掲出しており、著者の文法に対する認識とともに、著者が明治35年に(1902)出版した『実用韓語学』でも、文法の項が相当な部分を示しており文法を重視していることが

---

2) 「ㄱㄴㄷ」の子音を父音にし、「ㅏㅑㅓㅕ」は母音に、子音と母音の組合せである「가갸거겨」を子音としている。また、その組合せの音図は 99音(ㄱ~ㅈ,平音) / 11音(ㅎ, 軽音) / 44音(ㅋ~ㅊ,激音) / 20音(ㅘ~ㅙ,重音) / 8音(ㅘ,重激音)に記している。

察知できる。

「語尾変化」(pp.10~16)
○往 ユク 간다(カンダ)[3]　　　　○ユキマス 가오(カオ)
○往 ユコウ 가깃다(カーケツタ)　　○ユキマセウ 가깃소(カーケツソ)
○往 ユキタダロウ 가깃다(カツケツタ)
○往 オユキ下サイ 가시요(カシヨ)　○ユキナサイ 가거라(カカラ)
○往 ユクカ 가느냐 (カヌニヤ)
○オユキデスカ 가시오닛가(カシオニツカ)

「助詞比較」(pp.17~23)
○イ ヌガ 개가(ケカ)　　　　　　○コノハハ 나무닙흔(ナムイブブン)
○イエニ 집에(チーペ)又의
○タレソレニ 아무게흔 (アムケハンテ)
○コクモツヲ 곡식을(コクシークル)　○サケデ 술노(スルロ)
○ウエヨリ 우흐로(ウフロ)
○トーキヨーニ 동경으로(トンギヨーグロ)
○ミチニテ　길에셔(キーレソ)
○アノヒトト 그사 고(クーサラムハコ)ア
○スカラ 일부터(ネイルブット)　　○ユエニ 연고로(ヨンゴロ)
○ラバ 면(ミヨン)　　　　　　　　○カラ 니(ニ)
○トテ 들(ツル)　　　　　　　　　○ ツツ며(ミヨ)

　「語尾変化」には、動詞の語尾の活用の事例を、「助詞比較」には主
格・目的格・場所・仮定などの様々助詞の用法などについて、簡単な解
説および用例を示している[4]。上の基礎的文法の学習に続いて、語彙

---

3) 本文は右から起筆する縦書きの表記形式を取っており、ハングルの読みは片仮
名で右側に振られているが、本稿では、例文の引用を横書きにし、ハングル
の読み方は括弧の中に示す。
4) 朝鮮人向けの「注意」書きには、文法は初学者にとっては学びにくく本書では掲

146 近代朝鮮語会話書に関する研究

と会話が交互に掲出されており、学習効果の増大を計らった構成となっている。それまでの朝鮮語会話書は、会話の用例のみが並べられたり、会話のやり取りも比較的短いものが多かったが、本書における会話は、多様なテーマに沿って対話が自然に進む形式をとっており、会話書としてはかなり発展した形であるといえる。

3. 著者について

島井浩は、対馬旧厳原の藩士で、明治16年(1883)以来釜山に居住し、明治21年(1888)釜山朝鮮語学所に学び、のち共立釜山商家学校、釜山第一公立小学校の教員を歴任し、昭和10年(1935)3月2日、69才で没した。本文の初めに本書の内題が示され、その下に著者の名前とともに「在釜山」とあり、出版当時釜山に在留していたことがわかる。

次の＜表13＞は、明治期における島井の朝鮮語関連の著作・発行年・発行所・大きさ・所蔵場所を表にしたものである[5]。

本会話書の他にも、＜表13＞のように、明治35年(1902)年から大正8年(1918)年の16年間にかけて6冊の朝鮮語会話書や日本語会話書の編纂に携わるなど、両国の架け橋の役割を果たした人物であり、金島苔水[6]とともに、明治後期における代表的な朝鮮語の普及者といえる。

げないので、文法の学習を希望する者は、日本俗語文典を熟読することを勧めている。
5) 所蔵場所については、筆者が実見確認できたもののみを挙げた。
6) 本名は金島治三郎。[M30-19]『日韓会話三十日間速成』(明治37)・[M30-21]『韓語教科書』(明治38)・[M30-23]『対訳日韓新会話』(明治38)・[M30-26]『日韓会話捷径』(明治38)・[M30-31]『日韓言語合璧』(明治39)・『独修自在日語捷径』(明治38)の著

<表13>島井浩の編著になる会話書[7]

書名	発行年	発行所	大きさ	所蔵場所
実用韓語学	明治35 (1902)	誠之堂書店	2,4,4,210pp 19cm、朝鮮地図、1枚	国会(初版) 大阪府立(初版) 阪大(5版明治38) 東大(7版明治39)
実用日韓会話独学	明治38 (1905)	東京　誠之堂	165p、19cm	国会・大阪府立・東経大・阪大・大府中央
日韓韓日新会話	明治39 (1906)	東京　青木嵩山堂	255p、16cm	国会・東経大
韓語五十日間独修	明治42 (1910)	大阪　青木嵩山堂	272p、16cm	国会・大阪府立
日語会話	明治42 (1910)	記載なし	197p、16cm	国会
朝鮮語五十日間独修	大正8 (1919)	大阪　青木嵩山堂	272p、16cm	東経大

　　<表13>の島井が著わした会話書のうち、『実用韓語学』(以下、『韓語学』)と『韓語五十日間独修』(以下、『五十日間』)はもっぱら日本人のための朝鮮語会話書であり、『実用日韓会話独学』(以下、『独学』[8])と『日

書がある。

7) 本論文には、各々[M30-3]『実用韓語学』、[M30-25]『実用日韓会話独学』、[M30-29]『実用韓語学訂正増補』、[M30-30]『日韓韓日新会話』、[M40-8]『韓語五十日間独修(習)』といった一連番号を振っている。＜第三部・資料編＞参照。

8) 朝鮮人向けのところには朝鮮語で解説を、日本人向けのところは日本語で解説をしている。また、当時の朝鮮における開港場・鉄道・貿易などのテーマの会話の例文が掲出されている。たとえば、「○開港場ガ何ケ所有マスカ / ○沢山有マスガ盛ナノハ矢張仁川釜山元山デス / ○京城ハ人口ガドノ位デスカ / ○精ハ知ラナイデスガ凡ソ二十万位デシヨウ / ○電気鉄道モ有ソウデスナ / ○ハイ、米人ノ手デ布レマシタ / ○貴国ノ人参ハドコカラ重ニ出マスカ / ○人参デ尤モ有名ナノハ開城デス / ○砂金ノ産地ハドコデスカ・砂金ハ平安咸鏡二道ガ重デス」という具合である。

韓韓日新会話』(以下、『新会話』)は、日韓両国の人のための会話書である。『日語会話』はもっぱら朝鮮人のための日本語会話書として作られたものである。この時期まで、日本人の大陸進出や戦争への活用のための朝鮮語会話書は多く出版されていたものの、朝鮮人のための日本語学習書がなかったため、多くの朝鮮人が日本語の学習書を求めていることを知り、島井は両国の人のための双方向の会話書の編纂を手がけたものとみられる[9]。

<図13> 『実用日韓会話独学』掲載の『実用韓語学』の広告

『実用日韓会話独学』には、7版まで出版された『実用韓語学』の広告が載せられているが、そこには島井が正確な朝鮮語学習書が編纂できる「朝鮮語に最も詳しい人物」[10]として紹介されている。

「朝鮮会話及文法 **実用韓語学** 前釜山領事 能勢辰五郎君序・京城李冕植・陳熙星、趙熙舜 三氏校閲 訂正五版紙数二百余頁 正価 金五拾銭 日露開戦し日韓協約成て韓語の必要益々迫れり時に未だ完全正確なる朝鮮語研究の書に乏し本書は多年韓国に在て実用韓語に最も通暁せられし島井浩氏の著にして殊に韓国三大家の厳密なる校正を経たるものなれば出征の士軍属及事業渡韓者は固より時局に鑑み韓語を解せんと欲する士は須要欠く可からざる良書なり」[11]

---

9) 『日語会話』序に、「最近、日本語を学ぼうとする人が増えているが、適当な教材がないため、日本人のための韓語学習書で日本語を学習している。朝鮮には、友達が多いが、その友達の子供たちが日本語学習のために、私にその教材の編纂を求めるので、本書を編纂することにしたのである」(筆者訳)とある。

10) 下線は筆者による。

『韓語学』が出版されてから3年後には、比較的簡単な会話の用例集である『独学』が、その翌年の明治39年(1906)には、この『新会話』が出版される。また明治41年(1908)には、50日の日課形式で構成された『五十日間』および朝鮮人のための『日語会話』が出版されるに至る。

4. 『日韓韓日新会話』の語彙

本書は日常に必要とされる語彙を集め、単語・会話が交互に置かれている。主に「単語」には「会話」の本文に用いられている語彙が収載されている。単語は下の目次でわかるように、類聚別の部立てをし、次にくる「会話」と関連ある部門の単語や同類の部門をまとめて会話と会話の間に挿入している、独特な形式になっている。

> 日本仮名・以呂波・韓国諺文・語尾変化・助詞比較・短語(組織)・単語(副詞、形容詞等)・会話1・単語(代名詞、人倫、時期)・会話2・単語(旅行、宇宙、家宅、飲食)・会話3・単語(商業、衣服、織物、職業、器具)・会話4・単語(身体、疾病、家具)・会話5・単語(文芸、遊技、武事、官位、地名)・会話6・単語(鳥類、獣類、虫類、魚類、穀物、野菜、草木、果花、金宝)・会話7・単語(数、分数、倍数、順数、通貨、利率、尺度、斗量、権衝)、会話8、単語(単位、年、月、日、時)

明治20年代までの大部分の朝鮮語会話書における部立ては、江戸時代の『交隣須知』の系統を受け継ぎながらも、「貿易」、「鉄道」、「文明」

---

11) 『実用日韓会話独学』の広告文に、『韓語学』が戦争への活用を目的としていたことが記されている。

のように、時代に合う新たな部を付け加えているのが特徴である[12]。本書の語彙における部立ても同様の様相を見せている。このいった傾向は、島井の他の会話書である、『韓語学』や『独学』、『五十日間』でも確認される[13]。その目次を摘記しておく

鉄道・貿易品・身体・国土及都邑・国名及地名・商業・職業・旅行・家宅・家具並用品・人族・時期・宇宙・文芸及遊技・飲食・衣服・草木果実・鳥類・水族・獣類・昆虫類・政治・官位　　　　　　　　　　（『実用韓語学』）

日本仮名・韓国諺文・単語(俗称基数・音称基数・分数・倍数・順数・通貨・利率・尺度・斗量・権衡・単位称・年称・月称・日称・時称・身体・疾病・飲食・衣服・織物・家宅・家具・器具・職業・商業・文芸遊技・武器・旅行・政事・官位・鳥類・獣類・虫類・魚類・魚貝・金属宝物・穀類・野菜・草木・果花・薬材・星辰・地理・時期・色彩・地名・人族)◎会話(短話)◎会話(問答)◎会話(組立)　　　　　　　　　　（『実用日韓会話独学』）

数・音称・分数・倍数・順数・旧貨・新貨・利率・尺度・斗量・権衡・単位称・年称・月称・日称・時称・時期・人族・身体・飲食・家宅・家具・職業・商業・旅行・文芸遊技・鳥類・虫類・魚貝・金石宝物・穀類・野菜・草木・果花・自然　　　　　　　　　　（『韓語五十日間独修』）

4つの会話書の部立てを比較してみると、島井の会話書における部立ては、いずれも類似しているが、特に、本会話書の土台になったとみられるのは、明治38年に刊行された『独学』である。その対比をわかりやすく〈表14〉に掲載する。

---

12) 拙稿(2007)参照
13) 『韓語学』と『五十日間』には、単語が巻末に附録として付けられているが、『独学』は巻頭にあるなど、その構成の仕方は若干異なる。

<表14>『日韓韓日新会話』と『実用日韓会話独学』の部立てと語彙数

部立て	数字	分数	倍数	順数	通貨	利率	尺度	斗量	権衡
『独学』	42	6	9	12	23	6	18	15	18
『新会話』	74	7	9	22	88	7	18	14	18
部立て	単位	年	月	日	時	身体	疾病	飲食	衣服
『独学』	33	15	24	35	15	63	24	27	27
『新会話』	34	29	26	25	24	70	26	43	60
部立て	織物	家宅	家具	器具	職業	商業	文芸遊技	武事	政事
『独学』	23	27	84	24	30	57	51	19	18
『新会話』	31	41	99	26	47	47	58	22	29
部立て	官位	鳥類	獣類	虫類	魚類	金属宝物	穀類	野菜	草木
『独学』	39	30	39	27	27	30	18	27	18
『新会話』	41	37	56	32	38	34	21	27	26
部立て	果花	薬材	星辰	地理	時期	色彩	地名	人族	
『独学』	33		宇宙57		57		36	人倫56	
『新会話』	41	16	15	63	84	18	65	86	

　両方を比してみると、『独学』の「色彩」、「薬材」が『新会話』には設けられず、『独学』の「星辰」、「地理」が合わさって「宇宙」になり、『独学』の「人族」が『新会話』では「人倫」に変わるだけで、ほぼ一致している。

　しかし、収録された語彙の内容を調べてみると、「通貨」の項目で、『実用』「文・貫」(p.10)の旧通貨が、『新会話』には「厘・錢・圓」(p.225)という新通貨に入れ替えられる。また、「武事」には、『実用』に「正将・副将・参将・正領・副領・参領」(p.44・官位)と、朝鮮語の固有の漢字を示し、そこに日本語の読みを付けていたが、『新会話』になる

と、「大将・中将・少将・大佐・中佐・少佐」(p.172)と日本式に換えた例もある。本会話書には、戦争が終わって間もないためか、「兵士・大砲・銃・祝砲・ピストル・戦争・軍艦・甲鉄船・援兵・和睦」のような軍隊や戦争と関連した用語が多数収録されている。そして、「地名」においては、『実用』の場合、65語のうち、朝鮮の地名が37語と半分以上を占めていたのが、本書には12語と大幅に減る一方、「日本・東京・西京」と3語に過ぎなかった日本の地名が「日本・東京・京都・大阪・横浜・神戸・長崎・門司」8語に増加する。朝鮮や朝鮮語を優先していた『独学』であったが、政治情勢の変化により、本書では日本や日本語を優先視するようになったことを物語っているのであろう14)。体裁の面でも、『独学』がハングルを上に、下には片仮名で日本語の対訳を付けている反面、『新会話』には、日本語を上段に、そのハングルの対訳を下段に示すようになる。

　その他、『独学』の「刀・ヨロイ・カブト」のような古い武器名が、『新会話』では、「祝砲　シユクホー・ピストル」となり、『独学』の「辰時・午時」が除かれ、『新会話』には、「一時～十二時」と新しい時間の名称に統一されるなど、新旧が交替されたり、なくなったりする例は少なくない。つまり、部立ては類似しても、収録語彙は、当時の情勢や必要に応じて内容が異なっている。次に本書に収録された語彙の例を示す15)。

　　① 数字16)：ミツ　ヨツ　ムツ　ヤツ　三十四　五十　七千　四分ノ一　十分

---

14) 日露戦争で日本がロシアに勝ったため、朝鮮や満州の植民地化が確実なものになったのである。
15) 朝鮮語の対訳は省略する。

② 四つ仮名：頭痛（ツツー）　ムヅカシイ
③ 合拗音：正月（ショーグワツ）　看護（クワンゴ）　宴会（エンクワイ）　菓子（クワシ）　花瓶（クワビン）
④ 長音：一丈（イチジョー）　醬油（ショーユ）　小説（ショーセツ）　舅（シウト）　姑（シウト）　十二日（ジウニニチ）
⑤ 外来語：ステツキ[17]　コレラ　ランプ　ストーブ　コンロ　ポンプ　ピストル
⑥ その他：朝飯（アサハン）　昼飯（ヒルハン）　頭髪（カミゲ）　犬児（イヌノコ）　牛児（ウシノコ）　七日（ナヌカ）　木槿（モクゲ）　弟（オトト）　妹（イモト）　貨物（クワブツ）　牛皮（ウシカワ）　競走（ハシリツコ）　ドビッコ　角力（スモー）　驢馬（ウサギウマ）　玉蜀黍（トーキビ）　臍（ホゾ）　クサミ　厨（クリヤ）　蠅（ハイ）[18]　一日（チニチ・ヒトヒ）　毎日（アイニチ・ニチニチ）　毎月（アイゲツ（ツキツキ））　今月（コンゲツ（コングワ））　半年（ハンネン）　毎年（アイネン・アイトシ）

　本会話書におけるすべての語彙に振り仮名がついており、現代とは異なる当時の漢字の読みがわかる。その他にも、長音の表記、ウ段拗長音の表記、外来語の増加もみられる。「注意」にも、「仮名遣ハ成ルベク実際ノ言語ニ近キモノヲ取レリ故ニ文学ノ立論トハ大ニ趣ヲ異ニス之レ文学ト語学ノ路異ルニ因ル」という記されていて、本会話書は当時の言語を反映している資料として見なすことができる。

5. 『日韓韓日新会話』における会話

　会話は短いフレーズを反復して掲出する「短語（ミジカユトバ）　져른말」があり、いくつかの場面や話題を想定して行われるダイアローグ形式の会話が「会話

---

16) 『実用』に、「十（ジウ）・一百（イツピャク）・七百（シチヒャク）・九百（クヒャク）・九倍（クバイ）・四番目（ヨバンメ）」という用例がみられる。（『実用』pp.6~7）
17) 『韓語学』には、「杖」（p.199）となっている。
18) 安田敏朗(2006)に「蠅（ハヘ）を満州国の日本語読本ではハイとハエ、南洋ではハエ、関東州ではハイ、途中を内地のはトチユウ、朝鮮のはトチウ、姉さんを内地のはネエサン、朝鮮のはネイサンといつた様に違つたものが相当ある」と述べているように、実際多数の会話書に「ハイ」の用例が用いられている。

一」から「会話八」まで9つ載せられてある。会話練習に入る前に新出語彙が学習できるよう「単語」の部を設けて、学習者を配慮している。各会話ともに、上段に日本語が、下段には朝鮮語訳があてられている。表記は、漢字交じり片仮名文で、すべての漢字の傍らには、片仮名でその読方を振ってあり、文節の切れ目に読点がつけられるなど、独習できるよう工夫されているのが特徴である[19]。

　その内容と日本語がどのようなものかを見るために、長くなるが、短話から会話八までの会話例やどのような内容を扱っているかについての解説を付け加える。

　<短語> 会話用の簡単で短い文章が並べられてある。23ページから48ページまで、172文が掲載されている。同じ語句が反復されており、これに関しては、「本書ハ成ルヘク系統的ニ実地的ニ組織スルコトヲ務メタリト雖モ反復習熟セサレハ其妙味ヲ知リ難ケレハ読者ハ此点ニ十分ノ注意アランコトヲ乞ウ」(注意)と、練習の重要性を述べている。

　　○ソウ、なさる、ツモリデスカ　그리 실터이오　クリハシルトイヨ
　　○モチロン、ソウデス　아무렴 그렷치오　アムリヨムクロツチヨ
　　○ドコニ行レル、ツモリデスカ　어듸가실터이오　オテカシルトイヨ
　　○ニホンニ、行ツモリデス　본갈터이오　イルポンカルトイヨ
　　○ドウナサルツモリデスカ　엇지 실터이오　オッチハシルトイヨ
　　○断然ヤメルツモリデス　결짠고아니 훌터이오　キヨルタンコアニハルトイヨ
　　○ツヽシマネバナリマセヌ　조심 여야 지　チヨーシムイハヨヤハチ

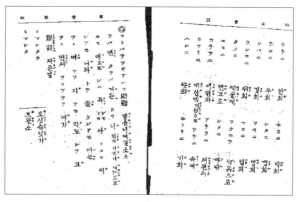

<図14>『日韓韓日新会話書』の「短語 져른말」

○ドウデ、見ナクチヤナリマセヌ　괴혀이가야 잇슴늬다　キヒヨイカヤ
　ハケツスムニダ
○聞テミナクチヤナラナイ　미샹불보아야 잇지요　ミサグプルポワヤハ
　ケツチヨ

　<会話一>日本人と朝鮮人が初対面する場面を想定して行われる会
話で、57ページから76ページの19ページからなる。名前、年齢、両親
や兄弟などの家族事項・住んでいる場所、お互いの語学の実力や勉
強・日本にいく方法、日本の軍隊、日露戦争勃発の原因[20]、情勢にま

---

20) 日露戦争は、明治37~38年(1904~05)にかけて日本と帝政ロシアとが満州・朝鮮
　の制覇を争った戦争である。明治37年2月国交断絶以来、同年8月以降の旅順
　攻囲、明治38年3月の奉天大会戦、同年5月の日本海海戦などでの日本の勝利
　を経て同年9月アメリカの斡旋により講和条約が成立する。本書の会話では、
　「ドーシテ、日魯(ママ)間ニ戦争ガ起リマシタカ」という質問に対して、「其根本
　ハ久イコトデスカ元来魯国ガ、清国満州ノ地ヲ占領シテ清国ニ還付スベキ期
　限ガ過テモ与エザルノミナラズ朝鮮龍岩浦ヲ条約モ、セズ占領シテ誠ニ傍若
　無人ノフルマイヲシマシタカラ日本ガ魯国ニ対シテ談判ヲシマシタニグズグ
　ズシテ半年ノ月日ヲ過シ談判ノ結末ガ、ツカナイカラ、致方ナク開戦スル様
　ニナリマシタ」(p.72)と戦争勃発の原因についての対話が掲載されている。

で、多岐にわたる話題の会話が交わされる。

○御挨拶、イタシマス　인사ᄒ십시다　インサハイツプシ
○ハジメテ御目ニカ丶リマス　처음뵈옵니다　チョムポイオプニタ
○ドナタ様デスカ　뉘됙이시오닛가　ヌイテキシオニツカ
○私ワ金孝道ト申シマス　나는김효도라홈니다　ナヌンキムヒヨートラハ
　ミニタ
○私ワ東郷デス　나는동향이요　ナヌントクヒヤギーヨ
○オ年ハオ幾ツデスカ　년세가얼마나되여계시오　ヨンセーガオルマナテ
　ヨケーシヨ
○年ハ満二十才ニナリマス　나히스무슬이올시다　ナヒスムサリオルシタ
○ソンナラ、同年デ厶リマス　그러면흔동갑이요　クロメンハントンカヒーヨ

○アナタハ、私ノ国ノ語ガ大変オ上手デス、ネー　당신은아국말을잘ᄒ
　시요그려　タンシーヌンアク丶マール丶チャールハーシヨ
○僅ニ、ゴ挨拶位ヲ致マス　다만통졍홀쑨름이요　ターマントクジヨング
　ハルタルミヨ
○只今でも語学ノ修業ヲ、ナサイマスカ　지금도말공부ᄒ이요　チクムト
　マルコグブハーシヨ
○日々勉強シテ丰マス　날마다힘써빅우지요　ナルマタヒムソペーウジヨ

○軍艦モ種類ガ多イデスカ　병선도종뉴가만치요　ペクソントチヨグニ
　ユーカマンチヨ
○戦闘艦、巡洋艦、海防艦、砲艦イロイロアリマス　전투함슌양함희방
　함표함여러가지요　チヨンツハムスーニヤグハムハイパクハムポーハ
　ムヨロカチヨ
○私モソーダロート思マシタ　나도그런줄짐작ᄒ엿소　アートクロンヂユ
　ルチムジヤクハヨツソ
○日魯ノ戦争ハ昨今如何ニナリマシタカ　일로간시비가금방엇지되엿소
　イルロカンシビカクムバクオツチテキヨツソ
○陸兵ハ奉天ヲ越テ進ミマシタ　뉵군이봉텬을넘어가요　ユククーニポグ
　チヨーヌルノモカヨ

○海軍ハ波羅的艦隊ガ全滅シマシタ　슈군은파라적함데를아조전멸ᄒ엿소
好くーヌンパラチヨクハムテルヽアヂヨチヨン メルハヨツソ
○ソンナラ、日本ガ大勝デスネ　그러면일본이데승이요　クロメンイルポー
ニティスギーヨ

<会話二>83ページから102ページまでで、朝鮮から日本に行く旅
程において、行く道、手段、宿屋など、各場面を分け、場面別の会話
例とともに必要とされる基礎的言い方が用例として掲出されている。

○汽車ガ何時ニ出マスカ　긔챠가몃시에써나오　キッチヤカメツシエトナオ
○朝ノ七時ダト云マス　아침닐곱시라요　アツチムイルコプシエトナオ
○停車場迄ハオ歩デスカ　정거장써지는거러가시오　チヨグコチヤグコヂ
ヌンコロカシヨ
○雨ガ降カラ歩マレナイデス　비가오니그럴슈업소　ピーガオニクロルス
オプソ
○往来ガ難義デス　왕ᄂ히기가어렵지요　ワガネハキカオリヨプチヨ
○ドコカラ、電報ガ来マシタカ　어듸셔전보가왓습닛가　オテンソチンポー
カワツスムニツカ
○東京カラ来マシタ　동경서왓소　トグギヨグソワツソ
○アス往レテ、イツオ出ニナリマスカ　ᄂ일가시다가언제쪼오시겟소
ネイルカーソータカオンゼトオシケツソ
○往テ見ナクチヤ分ラナイデス　가보와야알겟소　カポワヤアルケツソ

○通弁ヨンデコイ　통ᄉ불너오ᄂ라　トグサプルロオナラ
○何日路デアルノカ　몃칠길이냐　メッチルキリーニヤ
○飯代ヲ問テ見ロ　밥갑무러보와라　パプカプムロボワラ
○犬ガ吠カラ誰カ来タワイ　개가지ᄶ니누가오는구나　ケーカチヂニヌー
カオヌンクナ
○舌ノ先ガ、ヒリツクデス　서ᄶ치알싸ᄒ오　ソークツチアルサハホ
○飢イノデ沢山食マシタ　시장흔김에만이멋엇소　シヂャングハンキーメ

マーニモカツソ

<会話三> 主に商売に関する会話である。商売の勧めから利益の分配、金を借りる、借金を返す時の会話例や必要とされるセンテンスが収載されている。109ページから120ページまでである。

○商売ノ景気ハドーデスカ　장사시셰가엇덧소　チヤンサシセカオツトツソ
○別ニ利益ガ上ラナイデス　별노남지못ㅎ오　ペルロナムチモツハオ
○利益ガ上リソーデス　리가잇슬듯ㅎ오　リカイツスルツツハオ
○合同デヤッテ見マショー　협녁ㅎ여흡시다　ヒヨプニヨクハヨハアシタ

○金貸ノハ心配デス　빗주기념녀요　ピツチユーキヨムニヨーヨ
○少モ心配ナサルナ　츄호도의심마시오　チユーホートウイシムマシヨ
○融通シテ下サイ　변통ㅎ여주시오　ペントグハヨチユーシヨ
○ソンナニ催促ナサルナ　그리최촉마시오　クリチエツチヨクマシヨ

○君ハ銀行設立ニオ骨折ダソーデスネ　당신은은힝셜시에힘쓰신다ㅎ지요
　タクシーヌンウンヘクソルシエヒムススシンタハチヨ
○妙ナ噂ガタチマシタ　낭셜이지요　ナグソーリチヨ
○ドーシテ大資本ガ有マショーカ　내가엇지그런큰ㅈ본을가지깃소
　ナイカオツチクロンクンチヤポーヌルカチケツソ

○前取ナサイマセ　션봉ㅎ시오　ソンボグハーシヨ
○引落マシタカ　계감ㅎ여소　ケーカムハヨツソ
○渡越ニナリマシタ　과급이되엿소　クワクヒテヨツソ
○皆済ニナリマシタ　필봉되엿소　ピボグデヨツソ

<会話四>127ページから144ページにかけて病気・お見舞いの会話例・人とのトラブル時の会話・使いの者などに対する命令の用例が掲

載されている。

○瘧デ数日引篭テキマス　학질을어더여러날누어자오　ハクチルヽオトヨ
　　ロナルヌオチヤオ
○ゴ気分ハ如何デスカ　긔운이엇덧습닛가　キウーニオットツスムニツカ
○百事無聊デス　만스가무심ᄒ오　マンサカムシムハオ
○何ノ薬ヲ召マスカ　무슨약을자심닛가　ムスンヤークルチヤーシヌニツカ
○幾那塩ヲ小シ食マシタ　김계랍쫌먹엇소　キムケーラプモカツソ
○一両日内ニ全快致マセウ　ᄒ잇틀스이에쾌차ᄒ리다

○狡猾ナル　狐ノ様デス　간스ᄒ기가여후ᄌ소　カンサハキカヨーフカツソ
○噂ト丸デ同デス　소문과맛치ᄌ소　ソムンクワマッチカツソ
○進退谷マルデス　진퇴양난이요　チンテヤグナーニーヨ
○力ノ及ブ丈ゴ周旋シマス　함ᄃ로쥬션ᄒ리다　ハムデーロチユーソンハリタ
○如何様ニモ致方ガナイデス　엇닥흘길이업습니다　オツトツタルキリー
　　オプスムニタ

○顔ヲ洗エ　ᄂ씨서라　ナツシソラ
○火ヲ、ケシテ、ネロ　불쓰고자거라　ブルクコチヤカラ
○洗濯シタ衣ニ糊ヲセロ(ママ)　쎨내흔옷세풀먹여라　パルレーハンオツセ
　　プルモーキヨラ

＜会話五＞天気、宿、そして関連のない、日常生活で使われる会話
例が挙がっている。151ページから167ページまでである。

○風ガ冷ツイテ、ヨイ気持デス　바름이선々ᄒ니시원ᄒ오　パラミソンＶ
　　ハオ
○アツサヲ、ヨケラレマス　피셔흘만ᄒ오　ピソハルマンハ
○花ガ皆サキマシタ　쏘치다희엿소　コツチタピヨツソ
○花瓶ニサセ　화병에쏘져라　ホアペーゲコチヤラ

○花ヲゴランナサイ　화초보시오　ホアチヨポシヨ
○色ハ比ベモノガナイデス　빗츤비홀거시업소　ピツチユンピーハルコシ
オプソ

○オ宿ハ、ドチラデスカ　쥬인집이어듸요　チユインチービオテヨ
○アノ家デスガ、蚤、床虫、蠅ガ多クテ堪ラレナイデス　그집인듸,벼록
빈듸프리가만아셔견딀슈기업소　クーチピンテペロクパリカマナソキヤ
ンツイ
○虱ガ、クート、カユクツテ、蠅ガ、トマレバ、コソバユク、蚊ガ侵
セバ眠ラレナイデ翌日大変ツカレマス　니가물면ᄀ렵고프리가안즈면근
지접고모긔가침노ᄒ면ᄌ음못자고　イカムルメンカーロヨプコパリカム
ルメンカーリヨプコパリカアンヂメンクンヂロプコ

　＜会話六＞新年の挨拶、住居や気候に関する会話、仕事や買い物・
訪問・赴任の挨拶、公務など、日常生活から社交場での会話、公務に
いたるまで、幅広い会話例が例示されている。174ページから194ペー
ジまでの20ページで、文章の長さは前の会話文より多少長くなる。

○冬ハ、温突ガ、ヨームリマス　겨울은온돌이, 둣습듸다　キヨーウール
ンオンドリチヨツスプテータ
○貴国ノ方ハ冬デモ朝鮮家ハ住ニクイデシヨー　귀국ᄉ람은겨울도, 죠션
집에거쳐ᄒ기, 어렵지요　キクハサーラームンキヨーウルトチヨソンチー
ペコツチヨハキオーリヨプチヨ

○田舎ノ人ト、京城ノ人ト、話テ見ルニ、ドーモ違イマスネ　시골사름
과, 셔울사름과말히보니, 아마도, 달읍듸다　シーコルサーラムクワソール
サーラムクワマルハイボニアマトタールプツイタ
○ソレハ其筈デス、耳ニ聞　モ目ニ見ル　モ違マスネ　그럴밧긔업소, 이
문옥견이달으오구려　クロルパツケオプソイムンモツキヨニータールオ

クリヨ

○<ruby>茲<rt>ココ</rt></ruby>ニ<ruby>住<rt>スマツ</rt></ruby>テヰテ、<ruby>京城<rt>ケイジョー</rt></ruby>ニ<ruby>上<rt>ノボリ</rt></ruby>マスト、<ruby>不慣<rt>フナレ</rt></ruby>デ、<ruby>丸<rt>マル</rt></ruby>デ、イケナイデス　예잇다가, 서울을가니, 싱소ᄒ소ᄒ고아조언되요　エーイツタカソーウールカニセグソハコアーヂヨアンテヨ

○<ruby>引続<rt>ヒキツヾ</rt></ruby>キ、ゴ<ruby>平安<rt>ヘイアン</rt></ruby>デスカ　연히평안ᄒ시오　ヨーナイペーガンハーシヨ
○私ハ<ruby>無事<rt>ブジ</rt></ruby>デスガ、<ruby>遠路<rt>エンロ</rt></ruby>ゴ<ruby>大儀<rt>タイギ</rt></ruby>デシタ　나는잘잇소마는먼길에오시니, 슈고ᄒ엿소　ナーヌンチヤーリツマン ヌンモンキーレオーシニスーコハツソ
○<ruby>来<rt></rt></ruby>ネバ、ナラナイコトデスカラ何トモ<ruby>思<rt>オモ</rt></ruby>ハナイデス　와야ᄒᆯ일인고로, 관계치이니ᄒ오　ワヤハルイリンゴロ、クワンケツチアニハオ
○私モ<ruby>大層待<rt>タイソウマチ</rt></ruby>マシタ　나도민우기ᄃ렷소　ナートメーウキダリヨツソ
○オ<ruby>待<rt>マチ</rt></ruby>ダトハ、<ruby>存<rt>ゾン</rt></ruby>ジマシタガ、<ruby>足<rt>アシ</rt></ruby>ノ<ruby>病<rt>ヤマイ</rt></ruby>デ、オクレマシタ　기ᄃ리시는줄아랏스나, 발병이나셔, 더듸엿소 キダリシ ヌンヂユルアラツスナパルペギナソトツイヨツソ
○<ruby>左様<rt>サヨー</rt></ruby>デシタカ、ゴ<ruby>難義<rt>ナンギ</rt></ruby>ナサイマシタデシヨー　그리ᄒ엿단말이요, 고싱ᄒ엿잇소 クリハヨツタンマーリヨコセグハヨツケツソ
○今日ハ、<ruby>疲<rt>ツカレ</rt></ruby>マシタデ<ruby>宿<rt>ヤド</rt></ruby>ニ行キマス　오늘은곤ᄒ와, 쥬막으로가잇소 オヌールンコンハワチューマーグロカーケツソ
○ハイ、<ruby>治療<rt>チリヨー</rt></ruby>ヲ<ruby>十分<rt>ジウブン</rt></ruby>ナサイマセ　예, 치료나잘ᄒ시오　えーちリヨーナチヤルハーシヨ

　　＜会話七＞205ページから222ページが会話七である。久し振りに対面した2人の会話である。手紙や電報などの話題、京釜鉄道の建設に関する話、借金を返さないで行方をくらました人の行方を聞く話などのユニークな会話のやり取りが収録されており、当時の生活相が窺える。

○<ruby>京城<rt>タヨリ</rt></ruby>ニ<ruby>消息<rt></rt></ruby>ヲ、セネバ、ナラヌガ、<ruby>書面<rt>シヨメン</rt></ruby>ヲ<ruby>郵便<rt>ユービン</rt></ruby>ニ<ruby>出<rt>ダ</rt></ruby>ソーカ<ruby>電報<rt>デンポ</rt></ruby>ヲ<ruby>掛<rt>カケ</rt></ruby>ヨーカ　서울긔별ᄒᆯ일이, 잇는데, 우편에다, 편지를, 부치까, 뎐보를노으까

ソールクイビヨルハルイリーイツヌンデウツペンエタ、ペンヂルヽブ
ツチツカチヨンボールヽノウツカ

○急ガナイナラ、手紙ニナサイネー　급지안거든편지를ᄒ시구료　グプチ
アンコヅンペンヂルヽハーシクリヨ

○ソンナニ、急カナイコトダガラ書状ニシマシヨー　그리급흔일아니니,
편지를ᄒ겠소　クリクプハンニルアニニペンヂルヽハケツソ

○急グ　ナラ、電報デタヨリヲナサイ　급흔일이켜든뎐보로긔별ᄒ시오
クプハンニーリコツンチヨンポロクイピヨルハーシヨ

○此手紙ヲ郵便箱ニ入テオケ　이편지를우편흠에갓다노허라　イペンジル
ヽウツペンハーメカツタノーラ

○鉄道ヲ敷設スルニ財力ガ大変ニ掛ノミナラズ人力ガ非上ナモノデス
철노놋는데직력도만이들쑨아니라인력이퍽드지요　チヨルロノンヌンデ
チエーリヨクトマニツルプンアニライルリヨーキポクツチヨ

○道ヲナラシツヽ鉄道敷ニ高イ所ハ掘下テ平坦ニシ低イ所ハ埋立テ
千里ノ道ヲ○敷行ノダカラ一二年ハ終ルコトガ出来ズ五年ハ掛ソー
デス　길을닥가며며도를놋는딕놉흔데싹가평탄ᄒ계ᄒ고나즌곳은메여가
며철리길을논루라니　キール、タツカカミヨチヨルトルヽノンヌンデノ
ツプンティヌンカツカペグタンハケハコナヂンコーヅンメヨカミヨチ
ヨルリキールヽノルラニ

○高イ山ハ、下ヲ穿テ道ヲ作マス　놉흔산은, 밋츨쑬코길을내지요　ノツプ
ンサーヌンミツツルツルコキールヽナイチヨ

○ンナニシテ、山ガレバドーシマスカ　그려다가, 산이문어지면, 엇지ᄒ오
クリヨタカサーニムノチメンオツチハオ

○ソレダカラ崩ナイ様ニ、材木ニテ虹霓門ヲ作リ支撑ルノダソーデス
クリヨタカサーニムノチメンオツチハオ　그려기에문어지々안케, 냐무
로횡여문을믿드러, 벗된답되다　クリヨタカサーニムノチメンオツチハオ

○モシ＼／、ゴ面倒デスガ、彼人ノ住タ所ヲ問合テ下サランカ　여보시
오, 어렵소마는, 그사룸간데를좀아라다주시요　ヨボシヨオリヨプソマー
ヌンクサラムカンテルヽチヨムアラタチユーシヨ

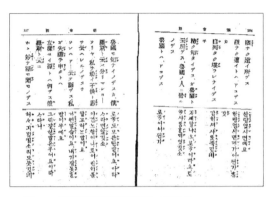

<図15>『日韓韓日新会話書』会話八

○問合(とひあわ)ス ハ、六(むつ)ケ敷(かしく)ナイデスケレトモ、用事(ようじ)ガ多(お)クテ往(ゆく)ヒマガナイデス
　아라오기는, 어렵지아느나내가보는일이만아셔, 갈식가업늬다 アラオー
　キヌンオリヨプチアヌナナイカポヌンニーリマナソカルサイカオプス
　プニダ

○今日(こんにち)ハオ忙(いそ)クテ出来(でき)ナイナラ明日(あす)ハ必(かならず)聞(きい)テ下サイ　밧바오늘은못ᄒ드릭
　도닉일은부듸아라주시오 パツパオ ヌールンモツタツレ トナイルウン
　プテアラチユーシヨ

○明日(あす)モ暇(ひま)ガ有マセヌカラ、他日聞テ来マス　닉일토틈이업스니, 다른날
　알고오리다 ナイルトツミオプスニタルンナルアルコオーリダ

○何(なん)タル、オ話デスカ、ソンナニ悠々(ゆう)緩々(くわんくわん)トシタコトデハ行カナイカラ
　早速(さつそく)聞合(きゝあわ)シテ下サイ　이게무슨말이요, 그러케완々이흘일이아니々어셔속
　히아라오시오 イケムスンマーリヨクロツケワンワンニハルイルアニニ
　オソソツキアラオーシヨ

　<会話八>229ページから249ページまでで、生活面での不安から、
商売のための資本金、主に経済的なテーマの会話が載っている。

○今日デハ、尋常ニシテヰテ衣食ノ掛念ヲセズ、ヨク暮スコトハ困難デス　시방시절은좀톄로히셔는의식걱정을아니ᄒ고잘지닉기가어렵습듸다　シパクシヂヨールンチヨムチエンロハイソヌンウイシクコクチヨーグルアニハコチヤルチネーキカオーリヨプスプツイタ

○夫丈デシヨーカ、大概ノ人ハ、食テ着テ、知人ノ間ニ慶弔相問スルコトガ困難デス　그럿타쑌이잇소, 여간사름은먹고닙고, 친구간에경됴샹문ᄒ기가어렵지요　クロツタプニーケツソヨーカンサーラムンモツコイプコチングーカーネケグチヨーサグムンハーキカオーリヨプチヨ

○ソレダカラ、静ニ遊デ計リ居ズシテ、仕事ヲ始メテゴ覧ナサイネー　그러ᄒ니, ᄆ만히놀구만잇지말고노롯슬시작히보그려　クロハニカマニノルグマンイツチマルコノルツスルシチヤクハポクリヨ

○其考ハ無デハ有マセンケレトモ、第一アレガ無カラ致方ガ有マセヌ　그싱각이, 업는게아니나, 첫직그거시업스닛가, 홀슈가잇소　クーセンガキオプヌンゲアニナチヨツチエクコシオプスニツカハルスカイツソ

○アレトハ、何ノコトデスカ　그거시, 무에란말이요　クコシムエランマリーヨ

○アレトハ外デ有マセヌ、円モノデス　그게다른게아니라, 동구릭미요　クケタルンゲアニラントングレミ

○円モノトハ何デス初テ聞ク語デスネ　쏘동구릭미는, 무엔가, 나쳐음듯는말이요　トトングレミヌンムエンカナチヨウムツツヌンマーリヨ

○金ヲ円物ト云マス、金ガ円ナイデスカ　돈을동구릭미라ᄒ닉다, 돈이동구랏치않소　トーヌルトングレミラハムニダトーニトングラツチアンソ

○間違タ、オ話デハ、ナイデスガ、私ノ意トハ違マス　괴이치아는말슴이나, 내쏫과는다르오　コイイツチアヌンマルスーミナナイツ丶クワヌンタルオ

○違ナラ多言ヲ要セズ、破談致マシヨー　다르거든, 여러말홀거없시파의흡시다　タルコヅンヨロマルハルコオプシパウイハプシタ

○破談ハ致マスケレドモ、吾々数日相談シテルノダカラ、外ニ借ル所ハ無デスカ　파의는흥시다나마는, 우리가몟칠을, 샹의허든터이니, 혹다른곳에어들데가잇는가　パウキヌンハプシタマーヌンウリカメッチールサーグイホツントトイニホクタルンコーデオヅルテキカイシヌンカ

○考テゴ覧、外国ノ中ニモ、私ハ外国友達ハ魯士亜人ノ外ニナイデス　싱각을히보, 타국즁에나는탁국친구가, 아라ᄉ사름外에는업소　センガークルハイポタクヘチユーゲナーヌンタクヘチングーカアラササラムオイエーナンオプソ

以上の会話文で見られるように、初対面の挨拶、日常生活に関わる会話、商業・売買に係わる会話、人との交際に必要とする会話、召使いに下す命令表現、電報や汽車などの新文明に関する話、人とのトラブルと関連した対話、戦争勃発の原因や戦争当時の情勢など、相当バリエーションに富む。また、上の会話六・七・八について、島井は、「会話六七八ノ三章ハ編者ガ韓語ヲ学ブノ際恩師ノ教授ヲ筆記セシモノ日訳ヲ加ヘテ本書ニ掲ケタリ」とその出処を明らかにしている。

本書における会話の内容および文章は、下記の用例のように、『韓語学』や『独学』のものと類似したものである。

○平安ニ御息ミナサイマシタカ　　　　　　　　　　（『韓語学』p.176）[21]
○私ハ病気デ数日臥シテ居マス　　　　　　　　　　（『韓語学』p.177）
○前カラ拝顔ハ致シマシタガ初テ御挨拶イタシマス　（『韓語学』p.187）
○アナタハ御両親ガ皆御有リナサイマスカ　　　　　（『韓語学』p.187）
○御兄弟ガ皆デ御何人デゴザイマスカ　　　　　　　（『韓語学』p.187）
○商売スル心ハ有テモ資本ガナク誰モ資本ヲ貸ス人モナイカラ職業ナシ

---

21)『韓語学』には、大体漢字に振り仮名がついているが、後半部の「働詞第六」の会話の部分には振られていない。

デ大君ノ事ハ段々相談シテ及ブ丈ケ御周旋致シマセウ　（『韓語学』p.184）

○他人ニ欺カレネハヨク売レルノデスカラ御任セナサレテ私ニ資本ヲ貸

　サレルナラバ何万圓位下サレル積デスカ　　　　　　（『韓語学』p.189）

○万一貴君ガ私ヲ思テ資本ヲ貸サレテ商売スル様ニナレバ御恩ハ死テモ

　ワスレマセヌ　　　　　　　　　　　　　　　　　　（『韓語学』p.189）

○朝飯、食ベマシタ　　　　　　　　　　　　　　　　　（『独学』p.67）

○吾々ハ昼飯ヲ食ベマシタ　　　　　　　　　　　　　　（『独学』p.67）

○アノ人タチハ、晩飯食ベマシタ　　　　　　　　　　　（『独学』p.67）

○茲ニ御出。　　　　　　　　　　　　　　　　　　　　（『独学』p.71）

○早クオ歩ミナサイ　　　　　　　　　　　　　　　　　（『独学』p.72）

○私ハ大層忙敷ムリマス　　　　　　　　　　　　　　　（『独学』p.76）

○雨ガ降ソウデス　　　　　　　　　　　　　　　　　　（『独学』p.86）

○我国ハ温突カ有マスカラ冬ハ凌ガレマス　　　　　　（『独学』p.103）

　つまり、島井は、本会話書[22]より1年先がけて発行された『韓語学』
と『独学』の文章や内容などを参考にして『新会話』を構成したものであ
ると考えられる。また、『新会話』も後に出版された『五十日間』[23]に影
響を及ぼすことになる。

○昨夜ハ蚤ガ多クテ夜明迄眠ラレナイデシタ　　　　（『五十日間』p.88）

---

[22]　『韓語学』の会話は、「会話第一初対面・会話第二久濶・会話第三飲食・会話第
　　四訪問・会話第五船中・会話第六宿屋・会話第七人夫・会話第八勉強・会話第
　　九商売・会話第十四時・普通の会話」から成っており、島井の他の会話書の土
　　台をなしているものである。

[23]　『五十日間』は、会話のやり取りではなく、一日に学習する会話の用例文が示さ
　　れている。島井が著述した会話書の中では、レベルが最も高く、前半は比較
　　的簡単でやさしい文章が、中盤は前半より難しく、長さも若干長くなる。後
　　半には、難易度の高い2行から4行の長文が記されている。『新会話』と共通す
　　る文章は、中盤以降には出てこない。

○事情ガソウデスカラ出来ル丈周旋シテ下サイ 　　　　　　（『五十日間』p.88）
○言葉ヲ飾テ、ドンナニ云タトテ私ガオ前ニ欺カレ様カ
　　　　　　　　　　　　　　　　　　　　　　　　（『五十日間』p.105）
○急梅ガ注グ様ニ降ル雨具ヲ出シテ来イ 　　　　（『五十日間』p.105）
○忙シクテ今日ハ出来ナイデモ明日ハ必ズ問テ下サイ
　　　　　　　　　　　　　　　　　　　　　　　　（『五十日間』p.111）
○此手紙ニ切手ヲ一ツヅヽ附テ郵便箱ニ入レテ置ケ 　（『五十日間』p.145）

　上に引用した会話の用例文とその内容には、朝鮮語を学ぶに欠かせないと著者が判断したのか、彼の会話書に共通して登場する。また「以上述ヘタル所ヲ了解シ其例ヲ記憶シ活用セラルトスレハ読者ハ已ニ一通リノ対話ハ差支ヘナカルヘキモ隴ヲ得テ蜀ヲ望ムハ人情ノ常ニシテ対話ノ自由ナルハ却テ不自由ナルカ如キ感アルヘシ因テ練習ノ為メ稍稿ナル会話ヲ掲ク」[24]と記しているように、学習内容の練習や活用が重要であるという彼の考えが、彼の会話書作りにも一貫して反映されていると言えよう。
　次いで『日韓韓日新会話』における日本語について検討してみる。本

24）『実用韓語学』の会話例には、当時の貿易の実状が現れている。(pp.186~188)朝鮮の人の「如何ナル品物ヲ持テ来ラレマシタカ売レ易イ品物ヲ持テ来マシタ、品物ノ名ヲ云ヒマスカラ御聞下サイ」の要請に対して、日本人は「西洋木洋紗、和羅、毛織、班布、洋糸、各種絹織、沙器、沙鉢、大皿、皿、杯、酒煎、花瓶、花盆、硯滴、等物、銅ニテ作リタル酒煎子、金網、鋳鉄釜、正鉄鍋、洋鉄手水盥、刀、銃、鉛、含錫、直鑰、白銅、石油、手水石鹸、洗濯石鹸、洋傘、雨傘、各色、上衣、下衣、単衣シタギ、足袋、靴、オビ、足紐、被ムル笠、眼鏡、度アル眼鏡、度ナシノ眼鏡等」と述べ、「ソノ品物ヲ売レバ朝鮮ノ品物ハ何物ヲ持テ往カレマスカ」という質問には、「朝鮮ノ品物ハ、金、銀、山参、鹿茸、虎皮、豹皮、各色皮物、白木、北布、明細等、海参、北魚、鯨、鱸魚、鯛、鯉魚、甘旧、海衣等、白米、糯、小麦、大麦、大豆、小豆、緑豆、等ヲ買テ往ク積リデスカラヨク買テ下サイ」と述べており、当時の貿易の品々の明細が掲げられている。

書は、上の引用からも窺われるように、召し使いなどに対しての会話の用例文などの一部分を除いては、大体が敬体で、かなり丁寧で改まった言い方がされている。また、自然な会話を表わすためか「ヨー」・「ネー」といった終助詞を用いる場合も少なくない。

　補助動詞の前の形容詞や動詞「問ウ」にウ音便を用いており、格助詞「ハ」を「ワ」で表記したところもある。長音の棒引き表記も試みている。文末には主に「デス」が用いられ、場合によっては「デゴザリマス」「ダ」もみうけられるが、「デアリマス」はほとんど見られない。

　また、命令形は、上下一段動詞は「ロ」つけたいわゆる、「ロ形」になっている。しかし、「下ラレヨ(92)、往カレヨ(93)、上ヨ(241)」と3例のみではあるが「ヨ形」も依然として用いられている。カ変動詞は「コイ」が96例、サ変動詞には「セヨ(136)」、「セロ」(142)が用いられている。その外の命令表現には、「オ＋連用形」「~テ(オ)クレ」「~テクダサイ」「動詞連用形＋ナサイ」などが見受けられる。

　尊敬表現は「オ~ニナル」「オ~ナサル」「~ナサル」「~レル」および「イラッシャル」「ゴランニナル」「オ~デス」などが用いられる。使用頻度としては「オ~ナサル」が最も多く、「オ~ニナル」は比較的少ない。ただ、本書には尊敬表現として「○ヒルハンハオアガリ<u>マシタカ</u>(p.28) / ○アサハンオアガリ<u>マスカ</u>(p.29)」のように「オ~マス」という形式が現われている。

　本書には、「デス」の推量の用法である「デシヨウ」の用例が多数みられる。例えば、「○ソウ、ナルデシヨー(p.165) / ○左様デシタカ、ゴ難儀ナサイマシタデシヨー(p.186)」といったものである。一方、「マシヨウ」は、意志の用法8例、勧誘13例であるのに対して推量の用例は6例

で少ない傾向にある。

可能表現には「~エル」「(ラ)レル」「~デキル」「可能動詞」で現われるが、やや文語調ともいえる「~エル」が最も多く、「可能動詞」による可能表現が最も少ない。接続には「~ニ」が1例のみで、他はすべてが「カラ」である。当為の表現には「○ナゼユカ<u>ナクチヤナリマセヌ</u>(p.38) / ○ドウゼ、見<u>ナクチヤナリマセヌ</u>(p.38)」の「~ナクチヤナラナイ(ナリマセヌ)」が7例、「○ツヽシマ<u>ネバナリマセヌ</u>(p.38) / ○来<u>ネバ、ナラナイ デスカ</u>(p.186)」のように「~ネバナラナイ(ナリマセヌ)」が3例、その他、「○雨ガ降テモ往<u>ナケレバナラナイ</u>(p.85)」、「○行ケバ行くシ<u>行ナキヤ</u>(p.138)」が各々1例ずつである。

また、「○ユコウト思<u>ツタニ</u>行ナカツタデス(p.47) / ○テンキガ晴テイ<u>タニ</u>雨ガフリマシタ(p.47) / ○酒 ヲ<u>ノンデイタニ</u>デンシンガキマシタ(p.47)」のように、「ノ」を挿入していない用例が見られるなど、形式名詞の使用について不自然さを感じさせる文章もみられる。本書には、次のように当時の口語が反映されている用例も掲出されている。

○ベンキョウ<u>シテル</u>ヨウデス　　　　　　　　　　　　　(p.37)
○見<u>タトテ</u>、ヤクニタヽナイ　　　　　　　　　　　　　(p.41)
○<u>キケバキクホド</u>面白イ　　　　　　　　　　　　　　　(p.47)

6. 対訳の特徴

島井は、朝鮮人のために朝鮮語に関するの記述を別途に設けるほどの高度の語学力を持っており、会話や本文における朝鮮語対訳もかな

り正確度の高いものといえる。朝鮮語の言い方も日本語と同様、相当
教養のある言い方になっている。それは、島井が接した人々が教養あ
る階層で[25]、彼らの言葉遣いを直接学習し、それを本書に記述してい
たためであろう。ここでは、その朝鮮語と関連づけて、訳語としての
日本語について検討してみる。

6.1. 意訳

「注意」に「訳語ハ直訳ヲ避ケ勉メテ其意ヲ失ハサランコトヲ注意シタ
リ(中略)編纂ニ当テ或ハ日語ヲ韓訳シ又ハ韓語ヲ日訳セシヲ以テ随テ一
方婉曲ノ語アルヲ免レズ」と記し、自然な日本語の対訳を目指している
ことを明らかにしている。

① アスペクトの差異

次のように「食ベテイマス」という進行形を「먹슴늬다(タベマス)」とい
う現在形に表わしたり、「考エテイマシタ」を「싱각 엿소(考えました)」
に、「忘レテ㐄マシタ」を「아죠니져버렷구려(忘れてしまいました)」に訳
している。両国語の動詞のアスペクトの対応にずれが見受けられる。

　　○タベテ、イマス　먹슴늬다　モクスムニダ　　　　　　　　　(p.29)
　　○コチラニ来ツ、考テイマシタ　이리 오면셔、ㅁ음에　싱각 엿소
　　　イリオメンソマウーメセンガクハヨツソ　　　　　　　　　(p.41)
　　○全ク忘レテ㐄マシタ　아죠니져버렷구려
　　　アヂヨイヂヨボリヨツクリヨ　　　　　　　　　　　　　(p.157)

---

25)『実用』は、京城の李晃稙・陳熙星・趙熙舜の、『新会話』も成斗植のような朝鮮
　　の学士の校閲を経ている。

② 婉曲な表現

　義務・当為表現である「~ネバナラナイ」が「여야ᄒ지(~した方がいい)」
に、可能の「~(ラ)レナイ」が「기어렵소(〜し難い)」に、「~(ラ)レソウ」
が「원망ᄒ기쉽소(~されやすい)」になるなど、和らげた表現を用いてい
る。また、「欲ナコトヲ云ナ」が「욕심니지마라(欲張るな)」と直接的な
言い方になっている場合もある。

　　　○ツヽシマネバナリマセヌ　조심ᄒ여야지　チヨーシムハヨヤハチ(p.38)
　　　○独リデハレ<ruby>受合<rt>ウケヤウ</rt></ruby>ナイデス　혼자담당ᄒ기어렵소　ホンヂヤタムダグハキ
　　　　オリヨプソ　　　　　　　　　　　　　　　　　　　　　　　　(p.133)
　　　○何デモ<ruby>恨<rt>ウラミ</rt></ruby>レソーデス　원망ᄒ기쉽소　ウオンマグハキシプソ　　(p.155)
　　　○欲ナコトヲ<ruby>云<rt>イフ</rt></ruby>ナ　욕심니지마라　ヨクシムネーチマラ　　　　(p.111)

③ 四字熟語・慣用句など

　「빅골난망(白骨難忘)」、「일구난셜(一口難説)」は各々「死して白骨に
化しても恩を忘れがたい」、「一言では到底説明しにくいこと」の意味
で、それが「ゴ恩ハ死デモ忘レマセヌ」、「一口ニ言レナイデス」に訳さ
れている。「사름죽것네」は、直訳すれば「人が死にそう」であるが、
「堪えられないくらいたいへんである」という意味で慣用的に用いられ
る言葉である。これらは次のように訳されており、自然な日本語訳に
なっている。本会話書を初め、朝鮮語会話書にはこのような四字熟語
や慣用句が多くみられる。

　　　○ゴ恩ハ死デモ忘レマセヌ　은혜는빅골난망이요　ウンヘーヌンペクコル
　　　　ナンマギーヨ　　　　　　　　　　　　　　　　　　　　　(p.155)[26]

26)　[M20-11]『独学速成朝鮮日本会話篇』(明27)にも、朝鮮語を直訳した日本語の例
　　が見受けられる。「○其言葉ハ。誠ニ。野俗デス　クー、マルスームン。チユ

○一口ニ言レナイデス　일구난설이요　イルクーナンソーリヨ　　（p.164）
○盛自列タク堪ラレナイデス　갑히셔, 사름죽깃네　カプハイソサラムチ
ユクケンネ　　　　　　　　　　　　　　　　　　　　　　　（p.236）

6.2. 誤訳

　語彙の意味を誤解しているためか、次のような誤訳の用例が見受け
られる。用例の「천천이」は「ゆっくり」、そして「다락」は「屋根裏べや」
の意味である。

○静ニ往カレヨ　천천이가시요　チヨンチヨンニカシヨ　　　（p.93）
○夏ノ日ニハ、コンナ二階ガ結構デスネー　녀름이며는이런다락이뭇캣소
ヨルミーミヨヌンイロンターラキーチヨツケツソ　　　　　　（p.175）

　島井は、「ゆっくり」と「静かに」の意味を取り違えていたようで、本
書55ページの単語に「종용이 チヨーヨギ」を「ユツクリ」と記している。
つまり、「천천이가시요」は、「ゆっくり往かれよ」になるはずのところ
が、ここでは「静ニ往カレヨ」になっている。

　また、文章全体が間違っている場合もある。つまり、「비가불너아
무것도목먹깃소이다」は、「お腹がいっぱいなので何も食べられません」
という意味であるのに、次のような対訳となって全く異なる意味に
なっている場合も見受けられる。

○腹ガ太ツテ何ニモヤレマセヌ　가불너아무것도목먹깃소이다
　ペーカプルロアムコツトモンモツケツソイダ　　　　　　（p.102）

　グマル。ヤーソク、ホーワーヨ(p.57) / ○白骨。難忘デゴザル　ペクコル。ナ
ンマグ、イロセータ(p.62)」

6.3. 不自然な日本語

　朝鮮語の影響で、不自然な日本語が見られるのも事実である。例えば、「눅이나오」が「サビガ出ル」に、「한심흥」が「寒心ナ」に、「모긔가침노으면」が「蚊ガ侵セバ」になっているが、実は、各々「錆付ク」「情けない」「蚊に刺サレレバ」になるべきところである。「寒心」の場合は、朝鮮語の漢字をそのまま用いたものであるが、日本語と朝鮮語の意味のずれは大きい。その用例を示すと次の通りである。

　　○手ヲ当ルト錆ガ出マス　손다히면눅이나오　ソンタヒ メン ノキーナオ
　　　　　　　　　　　　　　　　　　　　　　　　　　　　　　　　　　（p.143）

　　○実ニ寒心セズニヰラレマシヨーカ　춤한심흥일이요　チヤムハンシムハ
　　　ンニーリヨ　　　　　　　　　　　　　　　　　　　　　　　　　　（p.160）

　　○蚊ガ侵セバ眠ラレナイデ翌日大変ツカレマ　모긔가침노흥면좀을못자고,
　　　잇튼날믜우곤흥오　モキ カチムノハ メンチヤームルモツチヤコイツツン
　　　ナルメーウコンハオ　　　　　　　　　　　　　　　　　　　　　　（p.166）

　日本語と朝鮮語の対訳を見比べてみると、その編集にあたっては、朝鮮語の会話が先に組み立てられ、それを日本語に訳して成立したものではないかと思われる。従って、対訳の日本語においては、洋学資料と同様、言語のずれや翻訳による不自然な日本語が見られることにある。

7. 五十音図のハングル表記

本書には、「発音ハ仮名ヲ附シテ初学者ノ独習ニ便スト雖モ成ルヘク韓人ニ接シ実地ニ活用シテ其音ヲ正サレンコトヲ希望ス」と朝鮮人の日本語の学習のために[27]「五十音図」を片仮名で、「伊呂波」を平仮名で記しており、下にその発音を表音文字であるハングルで示している。ここでは、『新会話』および当時の朝鮮語会話書において、ア行・ワ行、そして濁音がどのように表記されているかについて検討してみる。

ア아	イ이	ウ우	エ에	オ오
ワ와	ヰ의	ウ우	ヱ웨	ヲ워
ガ	ギ	グ	ゲ	ゴ
ザ	ジ	ズ	ゼ	ソ
ダ	ヂ	ツ	デ	ド
バ	ビ	ブ	ベ	ボ
パ	ピ	プ	ペ	ポ

上の五十音図によれば、「イ이(i)、ヰ의(yi)」「エ에(e)、ヱ웨(we)」「オ오(o)、ヲ워(wo)」のように、片仮名の違いに対応してハングルの綴りが区別してなされている。また、濁音については、朝鮮にはない「ㄴ」を入れた新たな綴り方をしている。また、「ズ」は「(zu)」、「ツ」は「(du)」と表記されていて、その区別は保たれている様子である。

---

27) 島井は、『実用』にも五十音を収載しているが、ここでは朝鮮人のためのものではなく、「朝鮮電信用ニハ此表ニ因テ自由ニ邦語ヲ彼ノ局ニ依頼スルコトヲ得ルノ便アル」とあり、日本人が電報を打つために便宜を計ったものとして掲載したものだという。

同じ明治39年に京城日語雑誌社から出版された『独習新案日韓対話』には、(平音)ア아 イ이 ウ우 エ에 オ오 / ヤ야 イ이 ユ유 エ예 ヨ요 / ワ와 ヰ위 ウ우 エ웨 ヲ워、(濁音)ガ까 ギ끼 グ꾸 ゲ께 ゴ꼬 / ザ싸 ジ씨(지) ズ쓰 ゼ쎄 ゾ쏘 / ダ따 ヂ찌 ヅ쓰 デ떼 ド또 / バ빼 ビ삐 ブ뿌 ベ뻬 ボ뽀、(重濁音) パ파 ピ피 プ푸 ペ페 ポ포 と示してある。ここでは、「ヰヱヲ」については、「ヰヱヲ」の本来の音は「위(wi)・웨(we)・워(wo)」であるが、実際には「이(i)・에(e)・오(o)」と発音するとし、濁音をハングルで正確に表わすには極めて困難であることを付け加えている。

　「까」という表記についても喉の奥で発声するものとしている。島井の『日語会話』にも、五十音の発音をハングルで表している。これについて、「日語濁音「ガギグゲゴ」を「ガ까　ギ끼　グ꾸　ゲ께　ゴ꼬」と記しているが、これは完全に日本音と一致するものではなく、近似しているだけである。従って、本文中には「ガ」を「가・ga」に、「ギ」を「기・gi」に記したところが少なくない。なお、「ツ」が「주・zu」でもなく「두・du」の発音でもないが、一致する文字がハングルに存在しないため、ある個所では「두」、ある個所では「주」と掲出している。練習しか道がないと思う。(筆者訳)とハングルでの日本語音の正確な表記がいかにも困難なものであるかについて述べている。

8. おわりに

　明治39年刊『日韓韓日新会話』は、島井浩により編纂された、日本人のための朝鮮語会話書であると同時に朝鮮人のための日本語学習書でも

あり、日常必要とする語彙を集めた「単語部」と実用対話が綴られている「会話部」が交互に置かれている。単語の部立ては、島井の他の会話書と一致するが、掲載された語彙は新たなものに入れ替えられており、時代を反映している。会話は大体が丁寧で改まった言い方である。

　漢字の振り仮名・表記・対訳・語法などから、当時の日本語の実態が窺われる。また、五十音図のハングル表記により、片仮名の違いに対応してハングルの綴りが区別してなされているので、音韻資料としての活用も可能である。ところが、本資料を扱うには、対訳の日本語における誤訳や不自然さ、およびハングルによる日本語の発音表記について注意を要する。いずれにしても、『日韓韓日新会話』は、近代語の一面が知られる、近代日本語研究における有用な資料と見なすことができると考えられる。

第6章

近代日本語資料としての
『独習新案日韓対話』

1. はじめに

　『独習新案日韓会話』[1)]は、明治39年(1906)に京城日語雑誌社から刊行された朝鮮人のための日本語会話書であり、また朝鮮で活動する日本人ための朝鮮語会話書[2)]として編纂されたものである。明治期における朝鮮語会話書は、政治情勢によりその出版目的が変わり、明治10年代は貿易や外交のためのものであったが、明治20年代には日清戦争(1894~1895年)への活用が主流となる[3)]。日清戦争の勝利で朝鮮半島への進出が確定した明治30年代には、貿易や商業の利益のためのもの[4)]・

---

1) 本論文では[M30-33]『独習新案日韓会話』、[M30-27]『独学韓語大成』, [M30-30]『日韓韓日新会話』[M30-34]『六十日間卒業日韓会話独修』の一連番号をつけた。
2) 1897年(明治30から1910年(明治43)までの国名は「大韓帝国」で、そのことばは「韓語」と呼ばれた。したがって、正確な名称は「韓語」であるが、論文での一貫性を考慮し便宜上「朝鮮語」と称する。
3) 拙稿(2008b)参照。
4) [M30-3]『実用韓語学』(明治35)、[M30-8]『校訂交隣須知』(明治37)など。

朝鮮への移住のためのもの[5]公共事業のためのもの[6]、そして、日露戦争(1904~1905年)への活用のためのもの[7]など出版目的も多様化する。『独学韓語大成』(明治37・伊藤伊吉)序に、当時の情勢を窺うことができるのでここに転記する。

　　　「二十世紀ノ曙光ニ方リ日露ノ大戦ハ以テ東洋ノ平和ヲ定メ民人ノ福祉ヲ増進スルヤ必セリ牟韓国亦茲ニ鑑ミル所アリ時運ノ推移ニ従ヒ鋭意改善ノ緒ヲ発ラキ官紀上ニ粛清シ民業下ニ勅興セントス抑モ日本ノ韓国ニ於ケル実ニ唇歯輔車真ニ有史以来ノ善隣タリ今ヤ日新ノ文化其利器ヲ顕揚シ韓国ノ山河将サニ旧套ヲ脱セントシ我ノ入テ其海ニ漁シ其陸ニ耕シ彼ノ来テ官ニ遊ビ野ニ学ブ所アラントスル者日夕頻繁ヲ極メ交通多事復タ往昔ノ比ニアラズ日韓彼此語学ノ研究豈刻下ノ緊急事ナラズトセン哉両国民人意気相投合シ協力以テ所謂天賦ノ利ヲ開発スルニ至ラバ克ク富国強兵ノ実ヲ挙ゲテ与ニ東亜ノ泰平ヲ永久ニ享有スルヤ期シテ竢ツベキナリ」

　以後、明治40年代には、日本の文化や近代化事業そして戦争での勝利を讃える内容を盛り込むなど、当時の政治的変化とともに内容や性格も変わる。日露戦争中から韓国併合までの間、日本は漸次韓国支配を強化した。第1次(1904年)では、韓国の財政・外交顧問への日本政府推薦者の任用などを規定、第2次(1905年)協約では、韓国の外交権を奪い、保護国化した。それまで日本人のためのものが大部分を占めていた朝鮮語会話書は、日露戦争後に、その数や種類が少しずつ減り始め、日本語の「公用語化」「国語化」が始まる日韓保護条約締結の翌年の

---

5) [M30-15]『最新朝鮮移住案内(日用朝鮮語及び会話)』(明治37)、[M30-17]『韓国農事案内(韓語会話)』(明治37)など。
6) [M30-5]『韓語会話』(明治37)、[M30-20]韓語独習通信誌(明治37)など。
7) [M30-6]『日露清韓会話自在法』(明治37)、[M30-7]『対譯日露清韓會話』(明治37)、などがある。

明治39年(1906)の普通学校令で朝鮮語会話書の内容や性格・対象も変わり、もっぱら朝鮮人のための日本語会話書[8]が多数出版されるようになる。本書はその過渡期の貴重な言語資料といえる[9]。本稿ではその内容や特徴についての検討を行い、近代日本語の資料としての価値について探ることにする。なお、底本は国学院大学蔵本を用いる。

2. 書誌の概要

本書は明治39年(1906年)8月3日に京城日語雑誌社から刊行され、横浜で印刷が行われた。表紙の色は深緑で、大きさは22×14センチ、全102ページから成っている。本文は、2段組みで、日本語文が先に示されており、そのすぐ傍らに朝鮮語の対訳が対応している。奥付には、編纂者を「日語雑誌社」、その代表者を「渡瀬常吉」と明示してある。渡瀬

---

8) 『独修自在日語捷径』(明治38)、『独習日語正則』(明治40)、『日語会話』(明治41)・『日語大海』(明治44)など。

9) 政治的手段の朝鮮語会話書が、日清・日露戦争を契機に、支配の手段という目的としての朝鮮語会話書はその数や種類が少しずつ減り始め、日本語の「公用化」「国語」化が始まる日韓保護条約締結の翌年の1906年(明治39)の普通学校令で、それまで随意科目であった日本語が必修化、韓語(朝鮮語)と同じ週6時間になる。本書はその過渡期の貴重な言語資料といえる。

また、京城日語雑誌『日韓会話辞典』(明治41)などは、その朝鮮語ノ例言に「本書収むる処の言語は一々対訳を施すと共に風俗を異にする韓国人士の了解に便にせんが為めに特に註解を施しあり是れ亦た編者苦心の存する処なりとす」「一本書中日語は凡て振仮名を施したれば韓国人士にして片仮名を解する人は容易に如何なる言語をも索引するを得べく又た諺文を読み得る日本人は容易に韓語及び其適用を索引し之を実地に試むるを得べし」とあり、本書が韓国の人のための独習、活用することを念頭において編纂したことが推察される。

＜図16＞『独習新案日韓対話』

　は、熊本の大江義塾に学び、熊本英学校の幹事を経て大日本海外教育会
に加わり、小島今朝次郎の後任としての委嘱を受け、1899年に京城学
堂10)(1896~1905年・現ソウル)に赴任し、朝鮮(当時は大韓帝国)の若者
を対象に近代的教育を行った人物である11)。1905年2月、それまで官立
漢城中学校の教師を勤めていた幣原垣が政参与官に就任した際に、渡
瀬は韓国学部嘱託として教科書編纂作業にも携わっていたという12)。
おそらく本書の編纂にその経験が活かされたものと思われる。

　本書には序などがないため、出版経緯などについて直接知ることが
できない。ただ、本書の出版の1ヶ月前の明治39年7月に京城日語雑誌

---

10)　京城学堂(1896~1905)は、日本メソジスト教会の主導者たちによって一八九四年
　　設立された「大日本海外教育会」を母体としており、後には朝鮮伝道を行う。
11)　以来1906年まで八年間韓国青年の教育に従事、「出入り二千人ばかりの青年に接
　　し、卒業せしめたものが約二百人に達したであらう」渡瀬常吉(1913)、p.69。
12)　「学部に於ける教科書の編纂は、高橋文学士及び渡瀬京城学堂長担任して従事
　　して居られるが、日韓会話読本並に普通読本とも、昨今殆んど脱稿し居り,幣
　　原参与官の帰朝を待ち協議の上検定すべき筈なり」の状況であったのが、同年
　　3月韓国統監に着任した伊藤博文によって幣原垣が罷免され、日韓会話読本並
　　に普通読本の出版は出来なくなる。(『教育時論』第751号、1906年2月25、p.28
　　参照)

社から出版された『日韓会話辞典』や明治38年刊の『独学韓語大成』(序・山座袁円次郎)、明治39年刊『日韓韓日新会話』のような、この時期の朝鮮語会話書などを通して、その出版目的やその対象などが推定できるので、次にそれを示す。

> 「一今や日韓の交際日に頻繁を加ふるの際本書を座右にせば其便益蓋し計るべからざる者あらん一本書中日語は凡て振仮名を施したれば韓国人士にして片仮名を解する人は容易に如何なる言語をも索引するを得べく又た諺文を読み得る日本人は容易に韓語及び其適用を索引し之を実地に試むるを得べし」
> (『朝鮮語会話辞典』例言)

> 「自今日韓両民の来往相従遂日頻繁を加へ随つて相互語学の必要を感ずること旧時に倍蓰すべし此書唯邦人の韓語を研究する指南車たるのみならず韓人の日語を学習するに資する設案なれば此れに依て各自意志相疎通し情緒相緩和するを得ば則ち軽世の幾分に報ひ亦著者の素志に副ふものと云ふ可き也」
> (『独学韓語大成』序)

> 「日人ノ韓語ヲ学ヒ韓人ノ日語ヲ学ブノ階梯トスル目的ヲ以テ編纂シタレバ」
> (『日韓韓日新会話』序)

このように、この時期の朝鮮語や日本語の必要性、そして『独習新案日韓対話』の内容などから考えると、その対象は朝鮮人と日本人の両方であることがわかる。『独学韓語大成』や『日韓韓日新会話』が、日本人のための朝鮮語会話書でありながら、朝鮮の人でもこれらの会話書で日本語が学習できるよう工夫されているのに対して、本書や『朝鮮語会話辞典』の場合は、朝鮮人のための日本語会話書で、日本人も朝鮮語会話の学習にも活用できるようになっているため、日本人の当時の基本的なマナーや日本固有のものや語彙に関する解説と朝鮮の文化や生活な

どについての内容も同時に盛り込まれている点に大きな特徴がある。

3. 構成及び特徴

3.1. 構成

明治期における朝鮮語会話書には語彙の部が設けられているものが多い。ところが、本書は語彙の部は設けず、会話のみで構成されている。会話の内容は、次に示すように多岐にわたる。

> (一)挨拶(普通ノ挨拶・時候ノ挨拶・十二月頃ノ挨拶・元旦ノ挨拶・初対面ノ挨拶・宴会ニ招カレタル時・結婚セシ人及其両親ニ対スル挨拶・出産ノ挨拶・初秋ノ挨拶)
> (二)家庭(歳末ノ挨拶・歳暮ノ贈物)
> (三)官衙(各衙門(一)・軍事及警察(一)・各衙門(二)・軍事及警察(二)・各衙門(三)・公使館及領事館・郵便及電信・各衙門(四))
> (四)学事(其一・其二・其三・其四・其五)
> (五)商工業(其一・其二・其三・其四・其五・其六)
> (六)旅行(其一・其二・其三・其四・其五)
> (七)天文地理(其一・其二)
> (八)草木禽獣(其一・其二・其三)

基本的には(甲)と(乙)の不特定の二人の対話形式をとっているが、所々にテーマに沿った会話の用例文も収めてられている。次の用例のように具体的な人物を登場させる個所もある。

○使者 此ハ、ツマラヌ物デ御座イマスガ、御歳暮ノ御印迄ニ差上ゲマス

○家人　コレハ、ドウモ御早ヤ早ヤト有難ウ御座イマス、ドウゾ宜シク
申上ゲテ下サイマセ　　　　　　　　　　　　　　　　（歳暮ノ贈物、26上）

3.2. 内容の特徴

　会話文は全部で688文である。その内訳は、商工農が138文で最も多
く、官衙が126文、学事が118文である。挨拶、旅行、家庭、草木禽獣
が各々86文、85文、51文、51文、そして天文地理が13文で最も少な
い。掲載した文章の数から当時の社会的関心事が見てとれる。その会
話の用例が最も多かった商工業の内容は、下のように当時の朝鮮の商
工農業の状況や日本の現状、朝鮮における事業の展望や計画などにつ
いてのものである13)。

○鉄道工事ガ大概出来上リマシタ　　　　　　　　　　　　　　　（64上）
○昨年ハ麦ガ不作デゴザリマシタ　　　　　　　　　　　　　　　（65下）
○此方ノ薬ハ大概大阪ノ制約会社カラ参ッテ居リマス　　　　　　（68上）
○日本ハ商業ヤ工業モ盛デスガ、農業ハ殊ニ見事デス　　　　　　（77上）
○私共ハ大阪デ造幣局ヲ見マシタガ、中々大キナ建物デス　　　　（77上）
○ソレハ結構デス、韓国ノ豊作ハ日本ノ商業ニ大関係ガアリマスカラネ
　　　　　　　　　　　　　　　　　　　　　　　　　　　　　　（78下）
○紡績ダノ金巾ダノト云フ様ナ事業ハ、マダ此方(韓国)デハ出来マスマイ
　　　　　　　　　　　　　　　　　　　　　　　　　　　　　　（67下）
○長崎ニ在ル三菱造船所ハ東洋第一ダソウデス　　　　　　　　　（70下）
○私共ハ大阪デ造幣局ヲ見マシタガ、中々大キナ建物デス　　　　（77上）
○日本ハ商業ヤ工業モ盛デスガ、農業ハ殊ニ見事デス　　　　　　（77上）

　また、本書においては、それまでに朝鮮語会話書に多く扱われてい

---

13) 以下、(甲)と(乙)の会話、用例文の区別をせずに示した。

た軍隊や戦争の話題は少なく、次の用例のように、警察や新たに設置された韓国統監府傘下の各行政部署や管理職などの話題が中心となっている。

○近来警察事務が増加シタ上ニ市内ノ大掃除ヲ始メタモノデスカラ非常ニ多忙(タボウ)デス　(34上)
○今度法部大臣ニ為ッタ人ハ此レマデ慶尚道ノ観察使ヲシテ居ラレタ方デ御座イマス　(37上)
○巡査ガ人ヲ拘引致シマシタ　(31下)
○警務庁ハ余程近来多忙ノ様デスネ　(34上)
○内部大臣カラ各郡守ニ行政事務ニ就テ訓令ガアッタソウデス　(33下)

学事についての会話には、京城学堂の教育科目や学事活動などが窺い知れる内容が含まれているなど[14)]、京城学堂の生徒たちに本書が教材として提供されていた可能性も高い。

○地理ハ勉強シマシタガ、歴史ハ次ギノ学期カラデス　(52上)
○読書ト算術ヲ勉強致シマシタ　(47下)
○私共ハ学校デ作文ヲ勉強スル事ハ勉強シマシタガ、一向出来マセン　(学事、55下)
○此ノ九月ニハ又四五人、官費留学生ヲ日本ヘ送ルソウデス　(58上)
○学年試験ハマダアリマセンガ、多分来月ノ末デ御座リマシヨウ　(51下)

その他、ニュースや行事など当時の実状が窺える会話文も掲出されており、実用的な手段としての会話を目指していたことが知れる。

---

14) 1899年(明治32)の京城学堂の教育科目は、「修身・読書・算術・地理・歴史・理科・会話(日本語会話)・作文・唱歌・体操」であった。稲葉継雄(1977)参照。

○近来警察事務が増加シタ上ニ市内ノ大掃除ヲ始メタモノデスカラ非常ニ多忙デス　　　　　　　　　　　　　　　　　　　　　　　　（34下）
○京釜鉄道ノ開通式ニハ伏見宮殿下並ニ義陽君李載覚氏モ臨場セラレタソウデ御座イマス　　　　　　　　　　　　　　　　　　（36下）
○日本の公使館ハ南山ノ麓ニ在ッテ大変善イ場所デゴザイマス　（38下）
○近来天気ガ悪イノデ、日本カラノ郵便ガ大変遅着致シマス　　（39下）

　この時期の朝鮮語会話書である『六十日間卒業日韓会話独修』(明治39年)の緒言に「日本と韓国との只今の関係は今さら喋々するまでもなく既に諸君の知つて居らるゝところでありますに日是韓、韓此日、と云ふ様な今の状態でありますから日本人は早く韓人を指導して文明に趣かしめ開花に導かねばなりません、是れ日本人の天職であります此天職を尽すためには種々の方法もありますが彼の国語を知つて彼の国情に通じるのも亦第一の要件であらうと思ひます」とあるように、日本は朝鮮の近代化に力を注いでいたようである[15]。

　　　　○電報頼信紙ヲ二三枚下サイマセ　　　　　　　　　　　　（39下）
　　　　○通常為替ヨリハ電信為替ニ致シマショウ　　　　　　　　（40上）
　　　　○道路が中々能ク出来テ居マス　　　　　　　　　　　　　（64上）
　　　　○京釜鉄道ハ、モウ、全通シタソウデスネ　　　　　　　　（64下）

　日常生活の基本マナーとしての挨拶も初対面からはじまって、宴会に招かれた時、結婚した人とその両親に対面する時、出産の挨拶など様々場面を設定して会話文を示していて、状況による会話の練習が

15) この朝鮮の近代化は政治的目的によるもので、国家は国民を何らかの形で掌握しなければならないという前提と関係があり、国民の掌握のため、交通・通信網の発達、新聞・出版など、法体系の整備、徴兵制度や教育制度の確立が必要であった。

出来るようになっている。

○今日ハ御招キヲ蒙リマシテ有難ゴザリマス

(宴会ニ招カレタル時、14上)

○(甲)今度御令嬢ニハ○○サント御婚礼ナサイマシタソウデ、御目出度ウ存ジマス

(乙)有難ウゴザリマス、御蔭デ私共モ安心致シマシタ、ドウゾ此ノ上宜シク御願ヒ申シマス(結婚セシ人及其ノ両親ニ対スル挨拶、16上)

○ボッチヤンダソウデ御芽出度ウ御座イマス   (出産の挨拶、16下)

その他、朝鮮の風習や事情、気候などについての会話も掲出しており、これらは日本人学習者を配慮したものと考えられる。

○オイ、今日ハ大変寒イカラ、「オンドル」ヲ能ク焚イテ御呉レ(24下)

○韓国内地ノ旅行ハ、秋カラ冬ニカケテガ、一番善イ様デス、気候モヨシ、虫ナドモ居ナイカラ   (87上)

○荷物ハ「チケクン」ニ負ワセテ参リマシタ   (83上)

○韓国内地ノ旅行ハ、秋カラ冬ニカケテガ、一番善イ様デス、気候モヨシ、虫ナドモ居ナイカラ   (87上)

○朝鮮ニハ烏ハ少ナイデスガ、鵲ハ沢山デス   (94下)

3.3. 自然な会話文の採用

『新案独習日韓対話』の大きな特徴の一つは、活き活きとした日本語会話文の掲出にある。次の用例のように、①多様な終助詞の使用[16]、

---

16) 終助詞は一般に口語の中で使われると考えられるが、公演や講義のように多勢の聴者を対象とした場合や改まった場合には使われない。ただし、個人的な会話では、終助詞は会話のつなぎを滑らかにする。一般的に終助詞の中でも「よ」と「ね」はよく使われている。「ぞ」「ぜ」「さ」は、デス・マス体には使いにくいせいか朝鮮語会話書にはあまりみかけない。

②擬声語・擬態語の使用、③促音の挿入、④縮約や融合形の使用、⑤
俗語や慣用句の活用などに注意をはらった会話文になっている。

　①終助詞の多用
　　○御宅ハ余程御涼シイ様デスネ　　　　　　　　　　　　　　（20下）
　　○大変喉ガ渇イタガ、此ノ辺ニ善イ水ハナイカナー　　　　　（87下）

　②擬声語・擬態語の使用
　　○私ハ物売ノ髯ニ呼吸ガ氷リ着イタリ、牛ノ涎ガ凝ッテ、ガラく鳴ッ
　　　タリスルノハ此方デ始メテ見マシタ　　　　　　　　　　（100上）
　　○夕日ガチラくシテ大変マブシイデス　　　　　　　　　　　（92上）

　③促音の挿入
　　○モウ単物デハ寒イ裕デナクッテハ　　　　　　　　　　　　（22上）
　　○甘クナクッテ暖カイ物ニ限リマス　　　　　　　　　　　　（24上）

　④縮約・融合形
　　○マダ僕ハ夏帽子デ我慢シテルノダ　　　　　　　　　　　　（22上）
　　○洋服デナケリヤ不可ナイト云ウカラ、仕方ナシニ製ッタノヨ　（23下）

　⑤俗語や慣用句などの活用
　　○モウ大変好イ気候ニナッタカラ旅行ニハ持ッテ来イト云フ所デスネ
　　　　　　　　　　　　　　　　　　　　　　　　　　　　　（91上）
　　○モウ、日向ボッコガ徐々好イ時候ニナッタ　　　　　　　　（92上）

　同時代の会話書がやや古めかしい表現や基本会話用例の反復練習に重
点をおいて構成しているものが多いのに対して、対話形式による自然な
会話の習得に重点を置いているため、当時の口頭語が反映されている。

3.4. 本書における解説及び注記

　本書には、日本語を独習する人の利便性や学習効果を考慮して、解説や注意書きが付け加えられてある。この点からは、日本語理解に配慮した極めて先進的な会話書であると評価できる。その解説や注記は、①礼儀作法に関しての解説、②表記と発音上の注意点、③文法などについて解説、そして④語彙や語句に関する解説、⑤対訳に関する解説に分類できる。以下に分類別の用例を示す[17]。

　①礼儀作法
　○御早ウゴザリマス　　　　　　　　　　　　　　　　　　　　　（6上）
　＊集会などでは時間を問わず、後で来た人から先に来ている人に向かって挨拶するものである。

　②表記や発音上の注意
　○今日ハ大変好イ天気デゴザリマス　　　　　　　　　　　　　　（8上）
　＊注意、「ゴザリマス」に「リ」は「イ」に発音し「ゴザイマス」にする場合が多い。しかし、正しいのは「ゴザリマス」である。「好イ」は「イイ」に発音してもいい。
　○ハイ、私ハ中学校へ参リマス　　　　　　　　　　　　　　　　（45下）
　＊「学校」は「ガッコー」(sgakko-)と長く発音する。

　③文法
　○ヤー、大変遅イ゛ジャナイカ　　　　　　　　　　　　　　　　（6下）
　＊親しい間柄でしか使えない。「ジャ」は「デハ」と同じ意味。
　○゛アスコニハ時計バカリ、シカ、アリマセンカ　　　　　　　　（60上）
　＊「アスコ」はその店という示し、「シカ」は「バカリ」を強調するものである。

---

17) 解説の原文はすべてハングル、筆者訳。

④語彙や語句に関する解説

○愈御結婚ガ御済ミナサイマシタソウデ、＊結構デゴザリマス　　　（15下）

＊「結構」はすばらしいという意味である。

○アー、＊好イ心持デ眠ムタクナッタ　　　　　　　　　　　　　（83）

＊「好イ心持チ」はいい心（心情）という意味で、（精神）気持ちがサッパリす
るという意味にもなる。

○ソウデス、ソシテ今度ハ三人連デ＊膝栗毛ヲヤル積リデスカラ面白
イデス　　　　　　　　　　　　　　　　　　　　　　（旅行、91下）

＊注意　「膝栗毛ヲヤル」というのは徒歩遠行という意味で、徒歩旅行する
小説があり、意気投合した者の遠くへの旅行を膝栗毛という。

○＊羽織ハ着ズニ参リマシヨウ　　　　　　　　　　　　　　　（21下）

＊注意　羽織は出かける時に着る服で、袖が長く紐で結ぶものである。

⑤対訳についての解説

○疾ニ御伺ヒ致ス所デアリマシタガ、今日迄デ御無礼致シマシタ（12下）
벌셔차즈뵈올터이나오날꼬지차즈뵙지아니ᄒ얏소

＊「御無礼」は、「차즈뵙지아니ᄒ야무례ᄒ게되얏다（お伺いしなくてご無礼
をした）」とい意味であるが、「차즈뵙지아니ᄒ얏소（お伺いしませんで
した）」に訳したほうが自然である。

○公使ハ居ラッシャイマスカ　　　　　　　　　　　　　　　　（27下）
공ᄉᆞᄂᆞᆫ（公使）계심니가

「公使ハ」の「ハ」は「ᄂᆞᆫ（nan）」であるが、「가（ga）」にしたほうが自然であ
る。

④のように、両国の独自のものや固有の風習に関する概念や語句、⑤
のように、やむを得ず対訳にずれが生ずる場合には、解説を付け加えて
おき、敢えて各自の国の事情に合うことばで対訳を施したため、本書に
おける日本語と朝鮮語は両方ともに自然な言い方になっている[18]。

4. 表記と五十音図のハングル表記

本会話書における日本語の表記は、漢字交じりの片仮名文で、漢字には片仮名総ルビが振られている。読点はつけているものの、句点はつけられていない[19]。仮名遣いは、下の用例のように、概ね表音的であるとみられ、助詞の「ハ」「ヘ」「ヲ」の区別は歴史的仮名遣いのままであるなど、一部歴史的仮名遣を継承し[20]、完全に発音通りであるわけではない。いわば「まぜ書き」になっている。

○兼ねぐ御訪ネ申シ度イト思ッテ居リマシタガ、突然御伺ヒシテモト
　思ッテ、御無礼致シテ居リマシタ　　　　　　　　　　　　　　　(12下)
○皆様御変リモ御座イマセンカ　　　　　　　　　　　　　　　　　(10上)
○洋服ヲーツ製ッテ貰イタイデス　　　　　　　　　　　　　　　　(74下)

また、国語の仮名遣いを、小学校・中等学校で徹底した表音・棒引きの表記で統一しようとした明治38年(1905年)文部省の『国語仮名遣改定案』の日本国内の影響からか次のような棒引きを採用している[21]。

○サー、此方へ入ラッシャイ　　　　　　　　　　　　　　　　　　(7上)

---

18) 当然ながら編集者の語学能力も関わってくる。
19) この点は、明治20年代から30年代の朝鮮語会話書に共通している。
20) 「私(ワタクシ)ハ中折(ナカオリ)ノ帽子(ボウシ)ヲ＊買(カウ)ウト思(オモ)ッテ居
　(オ)リマス(62下)＊買ウト(가오도)kaoto」と歴史仮名遣いについての解説がな
　されている。
21) 明治37年(1900)の『尋常小学読本』は小学校令施行規則制定に準じた表記であっ
　たが、明治38年(1905)文部省の『国語仮名遣改定案』によって仮名字体の整理が
　なされ、字音仮名遣(漢字語のよみがな)の棒引き(字音仮名遣は棒引き「蝶々」
　はチヨーチョー、和語のよみがなである国語仮名遣は従来のまま)や分かち書
　きが採用されるにいたる。

○モー、チラホラ咲始メタソウデス　　　　　　　　　　　　　　　（9下）

　合拗音の表記の場合は、「志願・煉瓦・雑貨・会社・愉快・会計局長・外部・宴会」の合拗音専用の表記と「内外・九月・官費」の合拗音と直音との併用表記がなされている。『日韓韓日新会話』（明治39）にも「仮名遣ハ成ルベク実際ノ言語ニ近キモノヲ取レリ故ニ文学上ノ立論トハ大ニ趣ヲ異ニス文学ト語学ノ路異ニ因ル」とあり、発音と仮名遣いの不一致や同音に数種類の表記が存在することからくる学習者の学習負担を減らすための編者なりの試みであっただろう[22]）。

　巻頭に片仮名五十音図と濁音・半濁音に対応したハングル読みを配置し[23]）、次いで平仮名のみの五十音図を掲出している。その後には

----

22)　日本の初等学校に、「国語」という教科目が誕生したのは明治33年(1900)の小学校令改正時であり、芦田恵之助は『小学校に於ける今後の国語教授』の「三章　仮名づかひに関する意見」に、「トヘリ　問ヘリ　トカヽしむる場合に、エの音はヘと書くべしと教え置かば無邪気なる児童は、エヲニマイアゲマスと書く場合に、ヘヲニマイアゲマスとあやまるは、決してむりならず。又　ローソクヲコシラヘタルハ　ナニダラウ　とかヽしむる際に、ローソクのローは、ロにーを添へてあらはし、同音なるダラウのラウは、何故ラウととかヽざるべからざるかは、到底児童にロにーを添へてあらはすべしと決めざれば、決して脳の負担を軽減したるものにはあらずして、寧ろこれまでにロウラウなどとつゞりかたのありし上に更にローの表記法を加へたるものといふべし。簡易にしたるといはむより、却つて困難ならしめたりといふこそ至当ならめ。(中略)願はくは、一刻も早く今回の字音仮名づかひを以て、大和言葉にも適用すべしとの法令を発表せられむことを。」（傍点原文）と、発音と仮名遣いの不一致や同音に数種類の表記が存在することからくる児童の学習負担を憂えている。結局、芦田は、『朝鮮読本』に表音式仮名遣いを実践することになる。

23)　最初に日本の五十音を掲げているものに、島井浩の『実用韓語学』（明治35、誠之堂書店）があるが、それは朝鮮人のためのものではなく、「朝鮮電信ノ用ニハ此表ニ因テ自由ニ邦語ヲ彼ノ局ニ依頼スルコトヲ得ルノ便アル」とあり、日

「仮名ノ練習」の項を設けてある。巻頭の五十音図を常に参照させて、既習文字を学習者に認識させるためであろう。

<表15>五十音図とそのハングル表記

(平音)	ア아	イ이	ウ우	エ에	オ오
	ヤ야	イ이	ユ유	エ예	ヨ요
	ワ와	ヰ위	ウ우	ヱ웨	ヲ워
(濁音)	ガ까	ギ끼	グ꾸	ゲ께	ゴ꼬
	ザ쓰	ジ씨(지)	ズ쓰	ゼ쎄	ゾ쏘
	ダ따	ヂ찌	ヅ쓰	デ쩨	ド또
	バ빼	ビ삐	ブ뿌	ベ뻬	ボ뽀

この五十音図によれば、「イ이(i)・ヰ위(wi)」「エ에(e)・ヱ웨(we)・エ예(ye)」「オ오(o)・ヲ워(wo)」と片仮名の違いに対応してハングルの綴りが区別してなされている。しかし、注記に、「ヰヱヲの本来の音は위(wi)・웨(we)・워(wo)であるが、実際には이(i)・에(e)・오(o)と発音する」と常用的なものと原則の差異について記述している。「ズ」と「ヅ」の場合は、ともに「쓰　(ssu)」と統一して表している一方、「ジ」は「씨(지)・ssi(zi)」、「ヂ」は「찌(sdi)」と表しており、その表記が異なっている[24]。濁音について、ハングルで濁音の正確な発音の表示が困難であることであるとしながらも、「까(sga)끼(sgi)「꾸(sgu)쎄(sge)꼬(sgo)」のように、濁音が有声破裂音または破擦音であることを表わすため「ㅅ

本人が電報を自由に打つためのものとして掲載したものであった。
24) 『独修自在日語捷径』(明治38)に「ジ(じ)とズ(ず)は多くヂ(ち)とヅ(づ)と同様に発音するが、場合によっては昔のように区別して発音することもある」とするものや、『普通日本語典』(明治39)のように「ザ行のジ、ズとダ行のヂ、ヅは同音である(原文ハングル)」と四つ仮名が同音であるという記述がなされているものもある。

(s)」を盛り込んだハングル表記をし、その発音の仕方について、「これ
は喉の奥で発声する中間音で日本語の上達者に学ぶべし」(原文ハング
ル)としてある[25]。

5. 収録語彙

5.1. 名詞と代名詞

　本書には近代における政治、経済、教育、文物などが窺える多くの
語彙を会話文の中で拾うことができる。まず、名詞のうち、地名・国
名についてみてみると、例えば、地名は「大阪」、「長崎」のような日本
の地名や「大邱」「鎮南浦」「釜山」など朝鮮地名のみならず、「法蘭西」
「露西亜」「英国」「米国」などのような外国の国名・地名も数収録してい
る。明治期の朝鮮における政治や関連した主要ポストについては、
「○大臣○次官○協弁○局長○司令官○参謀長○連隊長○大将○
中将○少将○大佐○中佐○少佐○公使○書記官○領事○外交官補○
領事館補○通訳官○顧問○参与官○警視○補佐官○外務大臣○
税務官○軍部大臣」と語彙のみの項目を設けられているなど、政治に
ついての高い関心がみてとれる。学問などに関する語彙には「普通学」
「理科学」「法律学」「経済学」などが、外来語としては「フロックコート」
「モーニングコート」「トンネル(墜道)」「レール」「ビール」「センメント」

---

25) 拙稿(2008a)参照。『日韓韓日新会話』(明治39年)にも五十音図のハングル対応表
　を掲出しており、ハングルにはない著者の島井浩が工夫したハングルの綴字
　を示して、「発音ハ仮名ヲ附シテ初学者ノ独習ニ便スト難モ成ルヘク韓人ニ接
　シ実地ニ活用シテ其音ヲ正サレンコトヲ希望ス」と、ハングルで日本語の正確
　な発音を表わす困難さを語っている。

「ステーション」「ナイフ」などが、そして、「製紙会社」「製皮会社」「造船所」「度量衡製造所」「銃器製造所」「ビール製造」のような当時朝鮮における近代的な事業名なども多数収めてある。

日時を表わす語彙には、「先日」「昨日」「明晩」「明後日」」「先年」「昨年」「毎年」「昨晩」「昨夜」「今年」「今年」「今日」「今日」「今朝」「今朝」「明朝」「明日」「明日」「先刻」「先達テ」「先」などがある。遠称を表わす代名詞「アソコ」(2例)と「アスコ」(1例)、副詞の「一寸」が「チョイト」(5例)と「チョット」(4例)に、そして「大分」が「ダイブン」(3例)と「ダイブ」(2例)なども、同一の意味の語彙に異なる語形が混在している例である[26]。

その他にも「出産の挨拶」の会話の用例に「赤サンガ御出来ナサイマシタソウデスネ(17)」というのがあり、「赤サン」の語彙の説明に「赤サンというのは赤ちゃんを指すことばである。ただ、親しい間柄に使うことばである」とあり、いわば親しみを込めて使うことばであることを記しており、本書の実用性が窺える。ちなみに、『和英語林集成』(初、再、三)・『日本大辞書』(明治25)・『日韓会話辞典』(明治39)・『日韓いろは辞典』(明治40)には、「あかご(赤子・AKAGO)」の見出しのみを掲出している。

遠称を表わす代名詞の場合の「アソコ」(2例)と「アスコ」(1例)も両形がともに用いられている[27]。

人称代名詞[28]は、ほとんどが一人称と二人称で[29]、一人称には「僕」

---

26) 本書に用例に限っては、丁寧さの差異などは認められない。
27) 副詞の「一寸」が「チョイト」(5例)と「チョット」(4例)に、そして「大分」が「ダイブン」(3例)と「ダイブ」(2例)などは、同一の意味の語彙に異なる語形が混在している例である。

「私」、一人称の複数[30]は「私共」「私方」「私方」が用いられており、二人称は「オマイ」「御前」「御マエ」、「君」、「貴君」、二人称複数は「貴君方」が用いられており、その使用対象は若い男性を目指していたものと推定される。

<表16>『独習新案日韓対話』における人称代名詞

	単　数	複　数
一人称	僕・私	私共・私方・私方
二人称	君・御前・貴君	貴君方
三人称	アノ人・アノ御方	

○私方ノ近辺ノ山ニハ兎ガ沢山デ、大雪ノ時ナドニハ子供等ガ、ツカ
　マエテ来ルコトガ度々デス　　　　　　　　　　　　　　　　　　(99下)
○オマイハ石油ヲ一鑵買ッテ来テ御呉レ　　　　　　　　　　　　　(76上)

5.2. 副詞

　時間を表わす副詞や程度の甚だしさを表わす副詞が多く用いられていることも本書における一つの特徴である。その用例は次の通りである。

○私ハ只今カラ参内致シテ参リマス　　　　　　　　　　　　　　　(30上)
○朝風ハ、モウ冷タイデスネー　　　　　　　　　　　　　　　　　(90下)
○ハイ、承知致シマシタ、早速軍司令部ニ願ッテ上ゲマスカラ、
　一両日御待チ下サイ　　　　　　　　　　　　　　　　　　　　　(43上)

---

28) 三人称には「アノ人」(3例)、「アノ御方」(3例)のみ。その他には、「今頃事務ガ非常ニ殖エマシタカラ誰レモ、カレモ、目ノ廻ハル様ニ忙シイデス(44下)」のように、慣用的に用いられた用例がある。
29) 三人称には「アノ人」(3例)、「アノ御方」(3例)のみ。
30) これらは一人称複数でも聞き手を含まないインクルーシブな用法である。

○<ruby>一寸<rt>チヨツト</rt></ruby><ruby>貸<rt>カ</rt></ruby>テ<ruby>下<rt>クダ</rt></ruby>サイマセンカ　　　　　　　　　　　　　　　　(45下)

　上の用例以外にも、「今少シデ」「スグ」「マダ」「チヨウド」などが用い
られている。
　また、本書には、程度の甚だしさを表わす副詞として、「大変(37
例)・中々(11例)・沢山(6例)・非常ニ(6例)・余リ(5例)・随分(5例)・大分
(5例)・大層(2例)・実ニ(1例)・甚ダ(1例)・カナリ(1例)」などが使用され
ている。次にその用例を示す。

　○<ruby>大変<rt>タイヘン</rt></ruby><ruby>御暖<rt>オアツタ</rt></ruby><ruby>ニ<rt></rt></ruby>為リマシタガ、マダ<ruby>花<rt>ハナ</rt></ruby>ハ<ruby>咲<rt>サ</rt></ruby>キマスマイネ　　　(9上)
　○<ruby>此<rt>コ</rt></ruby>ノ<ruby>間<rt>アイダ</rt></ruby><ruby>出来<rt>デキ</rt></ruby>マシタ銃器製造所ニ往ツテ<ruby>見<rt>ミ</rt></ruby>マシタガ、<ruby>中々<rt>ナカ/\</rt></ruby><ruby>大<rt>タイ</rt></ruby>シタ<ruby>者<rt>モノ</rt></ruby>(ママ)
　　デス　　　　　　　　　　　　　　　　　　　　　　　　　(70下)
　○<ruby>山坂<rt>ヤマサカ</rt></ruby>バカリデ<ruby>随分<rt>スイブン</rt></ruby><ruby>難儀<rt>ナンギ</rt></ruby>ヲ<ruby>致<rt>イタ</rt></ruby>シマシタ　　　　　　　(35下)
　○<ruby>甚ダ<rt>ハナハ</rt></ruby><ruby>願<rt>ネガ</rt></ruby>イ<ruby>兼<rt>カ</rt></ruby>ネマスガ、<ruby>京義鉄道<rt>ケイギテツドウ</rt></ruby>ノ<ruby>便乗券<rt>ビンジヨウケン</rt></ruby>ヲ<ruby>貰<rt>モラ</rt></ruby>ツテ<ruby>頂<rt>イタダ</rt></ruby>ク<ruby>事<rt>コト</rt></ruby>ハ<ruby>出来<rt>デキ</rt></ruby>マス
　　マイカ　　　　　　　　　　　　　　　　　　　　　　　　(42上)
　○<ruby>僕<rt>ボク</rt></ruby>ハ<ruby>此<rt>コ</rt></ruby>ノ<ruby>間<rt>アイダ</rt></ruby>アノ<ruby>川<rt>カワ</rt></ruby>ヲ<ruby>小船<rt>コブネ</rt></ruby>デ<ruby>下<rt>クダ</rt></ruby>ツタガ両岸ノ<ruby>紅葉<rt>モミジ</rt></ruby>ガ<ruby>非常<rt>ヒジヨウ</rt></ruby>ニ<ruby>奇麗<rt>キレイ</rt></ruby>ダツタ
　　　　　　　　　　　　　　　　　　　　　　　　　　　　　(91上)
　○<ruby>甚ダ<rt>ハナハ</rt></ruby><ruby>願<rt>ネガ</rt></ruby>イ<ruby>兼<rt>カ</rt></ruby>ネマスガ、<ruby>京義鉄道<rt>ケイギテツドウ</rt></ruby>ノ<ruby>便乗券<rt>ビンジヨウケン</rt></ruby>ヲ<ruby>貰<rt>モラ</rt></ruby>ツテ<ruby>頂<rt>イタダ</rt></ruby>ク<ruby>事<rt>コト</rt></ruby>)ハ<ruby>出来<rt>デキ</rt></ruby>マス
　　マイカ　　　　　　　　　　　　　　　　　　　　　　　　(42上)

　松井栄一氏(1977)は、明治期口語文における代表的な程度を表わす副
詞の上位の10に、「大層」・「余リ」・「大変」・「マコトニ・甚ダ・非常
ニ・ヒドク・実ニ・一番・全ク」を掲げている[31]

---

[31] ＜表17＞明治期朝鮮語会話書における程度副詞の使用状況

	明治10年代		明治20年代		明治30年代		明治40年代	
1	余リ	54	大層	113	大変	122	大層	61
2	如何ニ	26	余リ	43	余リ	49	余リ	55
3	十分(充分)ニ	26	甚ダ	17	大層	45	マコトニ	40
4	甚ダ	22	マコトニ	16	マコトニ	31	大変	32
5	イコウ	19	実ニ	15	非常ニ	26	甚ダ	29

上の＜表17＞は、明治期朝鮮会話書における程度の甚だしさを表わす副詞の使用推移を明治10年代(5点)、明治20年代(13点)、明治30年代(10点)、明治40年代(9点)を調べた結果である。明治10年代にはまったく用いられてなかった「非常ニ」・「大層」・「中々」・「大変」が勢力を拡張しており、本書にはこれらの語彙が多く用いられている。また、「甚ダ」「ヒドク」の使用は少ないものの、本書は、明治30年代の使用状況とほぼ一致している。

5.3. 原因・理由の接続詞

　原因と結果の接続表現である「ノデ」は、明治期の小説や速記においては、明治20年代からの増加が認められるようである[32]。一方、朝鮮語会話書では、明治30年代に入ってから用いられ始め、本書には、そこまで朝鮮語会話書に多く用いられていた「ニヨッテ」「故」「ニツキ」などはその姿を消し、「カラ」と「ノデ」のみが用いられる。その使用状況をみると、「カラ」58例[33]、「ノデ」12例で、「カラ」が優勢である。次に

6	ヒドク	19	ヒドク	15	全く	19	非常ニ	29
7	極メテ	18	非常ニ	11	実ニ	16	一番	24
8	マコトニ	17	一番	10	ヒドク	16	十分(充分)ニ	20
9	大イニ	14	全ク	9	中々	16	実ニ	13
10	イカウ	13	モツトモ	6	甚ダ	13	モツトモ	11
11	実ニ	12	大変	5	十分(充分)ニ	10	ヒドク	9
12	ヒタスラ	12	大イニ	5	一番	9	中々	9
13	キツク	12	随分	5	モツトモ	9	随分	9
14	モツトモ	9	タント	5	スツカリ	9	全ク	7
15	極	7	ヒタスラ	3	随分	8	大イニ	6
16	至極	5	真ニ	2	大分	6	極	6
17	一番	4	中々	1	カナリ	6	大分	5
18	ゲニモ	4	至極	1	マサニ	4	至極	4
19	全ク	3	可ナリ	1	至極	3	スツカリ	3
20	真ニ	3	イカニモ	1	ムヤミニ	3	真ニ	3

32) 原口(1971)参照。

「カラ」の後件の形式や内容による用法を分類し、その用例数を示す。

①のべたて(35例)
○余り見苦シイデスカラ、少々修繕ヲ致シマシタ　　　　　　　(64下)
○アノ川ハ中々大キナ川デスカラ、大概ノ処マデハ蒸気ガ参リマショ
ウ　　　　　　　　　　　　　　　　　　　　　　　　　　　(93上)

②命令・勧誘(12例)
○日本ニ土産物トシテ遣リ度カラ団扇ヲ十本許リ買ッテ来イ　　(74上)
○ヤガテ休業モ御仕舞デスカラ徐々出懸ケル用意ヲ致シマヨウ　(54下)

③申し出(4例)
○アマリ雑踏デスカラ外ノ処ニ参ル積リデ御座イマス　　(고로・56上)
○領事ノ中ニハ段々知リ合ノ人モアリマスカラ、御紹介致シマショウ
　　　　　　　　　　　　　　　　　　　　　　　　　　　　(38下)

④禁止(2例)
○イエ、ソレデハ損ガ行キマスカラ可ケマセン　　　　　　　(61上)
○オイ、段々寒クナルカラ、石炭ヲ買ッテ置カネバ不可ナイヨ　(78上)

　「カラ」は上の用例でみられるようにのべたて、命令・勧誘、申し
出、禁止の用法として用いられている。一方、「ノデ」の用法は、次の
べたての用法のみで、「カラ」よりその用法が限定的であり、「ので」は
のべたてにしか使わないのに対して、「カラ」ははたらきかけのモダリ
ティーにも用いられていることが知られる[34]。

---

33) 示した用例以外に、「ソウダ、先ニ出シテ呉レ、己レモ直グニカラ(니・80下)」
のように「カラ」が後文にある場合が5例。

34) 「カラ」は「~고로(~goro)」(30例)・「~니(~ni)」(24例)・「~外닭에(~kadalge)」(1例)・
「~서　(~seo)」(1例)に、「ノデ」は「~셔(~syo)」(7例)・「~고로(~　goro)」・「~ᄒᆞ야
(~haya)」・「~ᄯᆡ문에(~taemune)」・「~으로(~uro)」・「~대(~dae)」が各々1例ずつで

○私共ノ村ハ例年植付ガ早イ方デスガ、今年ハ雨ガナイ_ノデ_、少々後
レマシタ　　　　　　　　　　　　　　　　　　　　　　　　　　（71下）
○雨ニ降ラレルノト、虫ニ食ハレル_ノデ_、閉口致シマスヨ　　（86下）

6. 日本語の性格

『独習新案日韓会話』には、下記のように、動詞の二段活用の用例や
動詞の音便形が入り混ざっている。

○桑ヲ栽ユルコトヲ奨励シマシタカラ、何処ニモ桑ガ沢山アル様ニナ
リマシタ　　　　　　　　　　　　　　　　　　　　　　　　（66上）
○向ウニ見ユルアノ大キナ家ガ有名ナ物産会社デス　　　　（67上）
○当分ノ間ハ、一千元カラ一万元迄デ、交換ヲ許サル丶ソウデス（41上）
○北韓ノ方デ、大キイ農業ヲヤロウト計画シテ居ラル丶ノハ、アノ
御方デス　　　　　　　　　　　　　　　　　　　　　　　　（68下）
○私ハ今度京城デ、ビール製造ヲ始ムル筈デス　　　　　　（75下）

この時期の朝鮮語会話書に、動詞の二段活用は多くみられるわけで
はなく、次のようなものがある程度である。

○一千万圓ヲ越ルノモ有リマス　　　　　（『日韓韓日新会話』明治39、69）
○起スコトヲ忘ルルナ　　　　　　　　　（『韓日英新会話』明治42、211）
○落・教授・尋　　　　　　　　　　　　（『日韓会話』明治41、52~65）

ハ行四段活用動詞の連用形が「テ」に連なるときにウ音便形になる場

ある。主に、「カラ」は「~고로(~goro)」・「~니(~ni)」が、「ノデ」は「~셔(~syo)」の
朝鮮語対訳があてられており、対訳の使い分けが認められる。

合もある。

○私ハ先達テカラ通信院ニ通フテ居リマス　　　　　　　　　　（43上）
○私ハ仁川ニ小サナ造船所見タ様ナ者デ設立シタイト思フテ居リマス
　　　　　　　　　　　　　　　　　　　　　　　　　　　　　（71上）

　これらの用例は決して一般的な傾向ではない。編纂に関わった日語
雑誌社の代表である渡瀬常吉の出身地の影響であるか、当時の実態の
反映であるかは、さらなる検討を加えていかなければならない。

7. おわりに

　以上の検討により、本会話書は、朝鮮語会話書から日本語会話書へ
転換する過渡期的な会話書で、当時の事情や語彙などがわかる資料で
あり、自然な日本語を採用した点から当時の口頭語がよく反映してい
る資料であると位置づけることができる。
　表記面でも漢字片仮名交じり文で片仮名の総ルビつきで、表音式表
記や棒引き表記を試みており、当時の日本の国語政策の朝鮮語会話書へ
の影響も認められる。このように朝鮮語・日本語会話書の性格を明ら
かにすることにより、近代日本語資料としてそれらを用いる条件が整
うと考えられるので、今後さらに別の資料も検討していくこととした
い。

1. 朝鮮語会話書を近代日本語資料として
　扱う際の注意点

　本論文では、明治期朝鮮語会話書の書目を提示し、その資料的特徴とそこに記されている日本語について考察し、近代日本語資料として活用できるものとしての提案し、その基盤づくりを行った。

　朝鮮語会話書は、会話書であるため、当時の日常の生活や時代の変遷と密接に関連する資料であることを強調してきた。ただし、朝鮮語会話書を日本近代語資料として扱う際には、①言語の変遷、②口語の反映、を見る上で重要な手掛りを与えてくれるが、一方で、③地域性、④朝鮮語の干渉やずれ、などの問題があり、注意を要する。

　①言語の変遷について

　本論文における考察は、朝鮮語会話書における日本語の特徴を手がかりとして、日本語の変遷の様態に着目したものである。その変化の

様態は、それぞれの言語事項ごとにさまざまな形で生じており、同時期に一括的に現れるものではない。資料により差異もあり、政治・歴史的な変動がそのまま言語変化に直結するものでないことを確認しておかなければならない。

②口語の反映について

明治期朝鮮語会話書は会話書であるため、基本的に当時の口語で綴られている。しかし、口頭語の学習を出発点としていたものも、学習のレベルが高くなるにつれ候体の書簡文、文語体の文章の学習にまで発展させているものもある。また、明治前期のものには、同時期の外国語会話書に比べると「~スベキダ」「~セザルヲエナイ」「ヤムヲエズ」「ノミナラズ」「イカニシテ」「~スルヤ否ヤ」「~シツツモ」「シカシナガラ」「カクシテ」などの漢文訓読調の文語的な要素が多く見受けられる。こうした会話の用例文も、明治後半のものになると、次第に現代の標準語的な語に近づいてくるのである。また、朝鮮語会話書には口語の反映という面で、各資料によるばらつきがみられるため、それを念頭に置いて研究を進める必要があるが、大勢としては一定の方向に向かっていると言えよう。

③地域性

「第一部・資料編」の第1章・第2章でも述べたように出版地や編著者の出身地などの影響からか、朝鮮語会話書における日本語は、共通語としての東京語を基本としたものではあるが、その中に西部の方言がかなり混入していることも認めざるを得ない。

寺川(1945)は『大東亜諸言語と日本語』で「日本人教師には、地方出身者が多く、夫々お国訛りを深く矯正することもなく、教授に当る場合が普通であつて、拠るべき正しい発音も明確には示されなかつたので、台湾方言・朝鮮方言などが出来上がり、それが慣用的に固定してしまつて、日本語方言としての一つの伝統を形勢してゐるのである」と地方出身者による方言の問題について述べている。また、明治40年刊『独習日語正則』(鄭雲復著、京城、京城日報社)にも「韓国ニ　来テキル日本人ニハ　　熊本県ノ人ガ多イデス(26下)」といった例文を掲出しているほど、朝鮮語会話書に関わった日本人は、関西や九州の出身者が多いことは、注意しておくべきであろう。

　明治37年刊の前間恭作・藤波義貫共訂の『校訂交隣須知』の緒言には「いふまでもなく原本の最も非難を受くる所は、措辞の意義をなさざるもの、方言、又は謬りたる字句の多きが為課本たるに堪へさる點にありしか故に、予輩校正の第一義は此等を改竄し修正するにありしかども」と方言がまぎれこんでいたことを記している。明治前期においては、朝鮮語会話書が対馬や九州地域の影響があるとみられる江戸時代以来の写本を参考とする場合が多く、日本語の用例を新たなものに変えず、多少手直ししだけで作成し、結果としてその言語に地域性が残ったためではないかと推察される。

　④朝鮮語の干渉やずれ

　朝鮮語会話書では一対一の対訳がなされているので、それによって、そこに示された日本語の現在とは異なる意味用法の把握でき、表音文字であるハングルを手がかりに音韻の研究をすることも可能であ

る。しかし、ここで、気をつけなければならないのは、浜田氏(1970)も述べているように、「類似のゆえに、両言語の間に、しばしば相互干渉が生じて、「変な」日本語、「変な」朝鮮語となることがある」ということである。つまり、会話書を著した人が語義を誤認した場合や忠実な直訳を行おうとした場合には、通常の両言語の姿とのずれが生ずる場合がある。

　明治期朝鮮語会話書は日本人によるもの、朝鮮の人によるもの、日本人と朝鮮人の共著の3つに分類できるが、朝鮮の人によるものは母語の干渉により日本語に問題が生じ、日本人によるものは朝鮮語対訳が不自然なものが現われたり、朝鮮語の誤りが所々にみられたりするので、検証が必要になってくる。しかし、こうした難点について、浜田(1968)は「この両言語の間のズレのあらわれは、その両言語が、構造的に同じ型であるだけに、それぞれの言語の性格、特質を反省する手がかりとして、また、それら言語の体系的解釈へのヒントとして、役立ち得ると云う点では、第二次資料としては、却ってキリシタン資料などよりも、すぐれた価値を持つものとも云えるのである」と日本語資料としての価値について説いている。

　幕末・明治初期における洋学資料が近代日本語成立の過程を明らかにするのに、少からぬ手掛かりを提供してくれたことから考えれば、朝鮮語会話書はそれ以降の近代語の発展過程の研究資料として利用できるもので、今後のさらなる活用が期待される。

2. 今後の課題

　本書では一度に大量の資料を扱うことは現実には難しいこともあり、明治期という限られた範囲での資料を対象とし、その特徴をとらえたものであるため、引き続き昭和・大正時代に日本で出版されている朝鮮語会話書の発掘・検討や朝鮮における日本語会話書の発掘・検討、および両者の相互関係についての研究も必要であろう。

　また、朝鮮語会話書における語彙、表記、音韻、語法など、様々な問題や事柄に対する研究はもちろんのこと、近代に多く行われた各国の会話書や日本国内資料との詳細な対照研究も並行して行わなければならない。

　そして、その特徴を把握するため、主に政治的背景の変化による朝鮮語会話書の推移に重点を置いて考察を行ったが、日本国内の国語政策が朝鮮語会話書の日本語の語彙、表記、語法などにどのような影響を及ぼしたかという問題も課題として残るところである。

　本書では書誌的・語学的・教育学的に大きな価値を有している近代における朝鮮語会話書の深度ある研究のための土台を築いたが、今後さらなる広い観点からの調査および研究を蓄積を重ねてゆきたい。

参 考 文 献

芦田惠之助編(1900)『小學校に於ける今後の國語教授』(「教員文庫」第6編)、同文館

雨宮尚治(1973)『亀田次郎先生の遺稿　西洋人の日本語研究』、風間書房

安藤彦太郎(1988)『中国語と近代日本』、岩波書店

李康民(2003)「1893年刊『日本通話』の日本語」(「日本語文学」第17集)

李基文(2000)『新訂版国語史概説』、太学社

池上禎造(1950)「明治前期国語資料の処理」(「国語国文」第24巻第4号)

石川遼子(1996)「東京外国語学校の再興と朝鮮語教育―日清戦争と日露戦争のあい
　　　　　だ」(「人間文化研究科年報」第12号)

稲葉継雄(1997)『旧韓末「日語学校」の研究』、九州大学出版会

＿＿＿＿＿(2001)『旧韓国~朝鮮の日本人教員』、九州大学出版会

李漢燮(2003)「近代における日韓両語の接触と受容について」(「国語学」第54巻3号)

林美秀(2006)「『日台大辞典』の方言語彙」(「日本語の研究」第2巻第2号)

李燕姫(2001)「明治期朝鮮語会話書における文末表現「じゃないか」について」(「國
　　　　　学院大学大学院紀要」第33輯)

岩淵悦太郎(1990)「共通語」(『ことば読本　方言と標準語』)河出書房新社

上垣外憲一(1989)『雨森芳洲―元禄享保の国際人―』、中央公論

上野田鶴子(1982)『講座日本語学11　外国語との対照』、明治書院

梅田博之(1982)「意味に関する問題」(『講座日本語学12　外国語との対照Ⅲ』)、明
　　　　　治書院

江口泰生(2006)『ロシア資料による日本語研究』、和泉書院

大久保恵子(1999)『チェンバレン『日本語口語入門』第2版翻訳』、笠間書院

大曲美太郎(1935)「釜山港日本居留地に於ける朝鮮語教育附朝鮮語學習書の概評」（「青丘學叢」第24号）

＿＿＿＿(1935)「釜山における日本の朝鮮語学所と『交隣須知』の刊行」（「ドルメン」第4巻3号）

岡野信子(1983)「壱岐・対馬方言」（『講座方言学9　九州地方の方言』）、国書刊行会

奥村和子(1997)「ハングル資料『児学編』の日本語表記」（「女子大文学」第48号）

奥村三雄(1968)「所謂二段活用の一段化について－方言的事実から史的考察へ－」（『近代語研究』第二集）、武蔵野書院

＿＿＿(1990)「朝鮮資料による九州方言史」（『九州方言の史的研究』）、桜楓社

小倉進平(1934)「釜山に於ける日本の語学所」（「歴史地理」第63号第2号）

＿＿＿(1936)「『交隣須知』について」（「国語と国文学」第13巻第6号）

＿＿＿(1964)『増補補注朝鮮語学史』、刀江書院

梶井陟(1978)「朝鮮語学習書の変遷」（「季刊三千里」第16号）

＿＿＿(1979)「植民地統治下の日本人の朝鮮語学習書」（旗田巍先生古稀記念会編『朝鮮歴史論集下巻』）、龍渓書舎

＿＿＿(1980)『朝鮮語を考える』、龍渓書舎

＿＿＿(1984)「日本人の朝鮮語学習史－明治から日本の敗戦まで－」（「季刊三千里」第38号）

梶村秀樹(1992)『梶村秀樹著作集第一巻 朝鮮史と日本人』、明石書店

梶原滉太郎(1998)「近代語から現代語へ 近代漢語の変遷」（「日本語学」第17巻第5号）

勝又昌義(1972)「小学校教科書における漢字教材の変遷(その一)明治初年－明治三十年」（「東京学芸大学紀要第2部門」第23集）

＿＿＿(1973)「小学校教科書における漢字教材の変遷(その二)明治三十年－昭和二十年」（「東京学芸大学紀要第2部門」第24集）

加藤知己・倉島節尚(1998)『幕末の日本語研究S.R.ブラウン会話日本語』、三省堂

金子弘(1993)「日本文典の例文の一性格－アストン『日本語口語文典』と会話書の比較（創価大学日本語日本文学会「日本語日本文学」第3号）

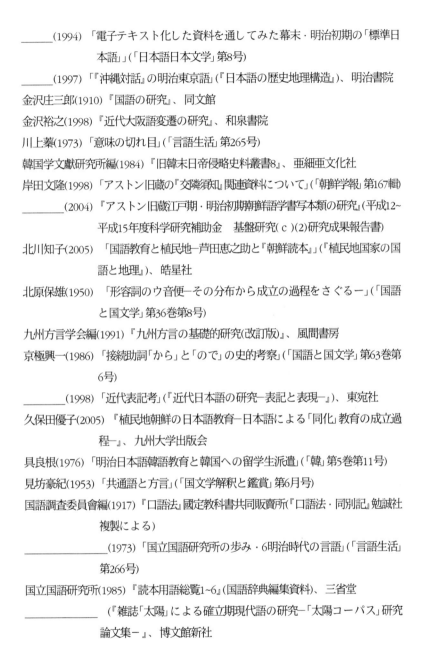

_____(1994)　「電子テキスト化した資料を通してみた幕末・明治初期の「標準日本語」」(「日本語日本文学」第8号)

_____(1997)　「『沖縄対話』の明治東京語」(『日本語の歴史地理構造』)、明治書院

金沢庄三郎(1910)『国語の研究』、同文館

金沢裕之(1998)『近代大阪語変遷の研究』、和泉書院

川上蓁(1973)　「意味の切れ目」(「言語生活」第265号)

韓国学文献研究所編(1984)『旧韓末日帝侵略史料叢書8』、亜細亜文化社

岸田文隆(1998)「アストン旧蔵の『交隣須知』関連資料について」(「朝鮮学報」第167輯)

_____(2004)『アストン旧蔵江戸期・明治初期朝鮮語学書写本類の研究』(平成12〜平成15年度科学研究補助金　基盤研究(ｃ)(2)研究成果報告書)

北川知子(2005)　「国語教育と植民地―芦田恵之助と『朝鮮読本』」(『植民地国家の国語と地理』)、皓星社

北原保雄(1950)　「形容詞のウ音便―その分布から成立の過程をさぐる―」(「国語と国文学」第36巻第8号)

九州方言学会編(1991)『九州方言の基礎的研究(改訂版)』、風間書房

京極興一(1986)　「接続助詞「から」と「ので」の史的考察」(「国語と国文学」第63巻第6号)

_____(1998)　「近代表記考」(『近代日本語の研究―表記と表現―』)、東宛社

久保田優子(2005)　『植民地朝鮮の日本語教育―日本語による「同化」教育の成立過程―』、九州大学出版会

具良根(1976)「明治日本語韓語教育と韓国への留学生派遣」(「韓」第5巻第11号)

見坊豪紀(1953)　「共通語と方言」(「国文学解釈と鑑賞」第6月号)

国語調査委員會編(1917)『口語法』國定教科書共同販賣所(『口語法・同別記』勉誠社複製による)

_____(1973)「国立国語研究所の歩み・6明治時代の言語」(「言語生活」第266号)

国立国語研究所(1985)『読本用語総覧1〜6』(国語辞典編集資料)、三省堂

_____　(『雑誌「太陽」による確立期現代語の研究―「太陽コーパス」研究論文集―』、博文館新社

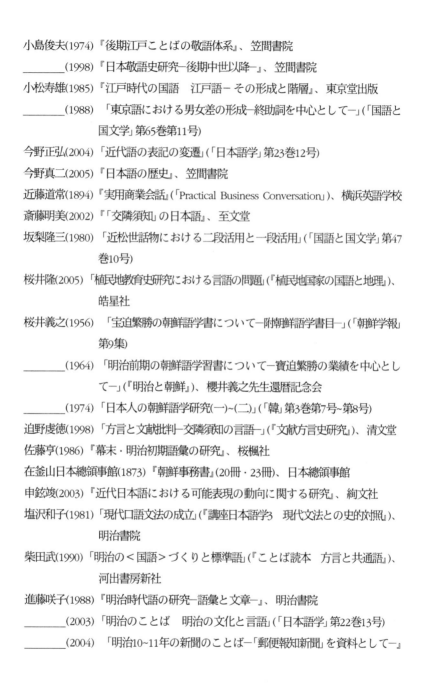

小島俊夫(1974)『後期江戸ことばの敬語体系』、笠間書院

＿＿＿＿(1998)『日本敬語史研究―後期中世以降―』、笠間書院

小松寿雄(1985)『江戸時代の国語　江戸語－その形成と階層』、東京堂出版

＿＿＿＿(1988)　「東京語における男女差の形成―終助詞を中心として―」(「国語と
　　　　　　国文学」第65巻第11号)

今野正弘(2004)「近代語の表記の変遷」(「日本語学」第23巻12号)

今野真二(2005)『日本語の歴史』、笠間書院

近藤道常(1894)『実用商業会話』(「Practical Business Conversation」)、横浜英語学校

斎藤明美(2002)『「交隣須知」の日本語』、至文堂

坂梨隆三(1980)「近松世話物における二段活用と一段活用」(「国語と国文学」第47
　　　　　　巻10号)

桜井隆(2005)「植民地教育史研究における言語の問題」(『植民地国家の国語と地理』)、
　　　　　　皓星社

桜井義之(1956)　「宝迫繁勝の朝鮮語学書について―附朝鮮語学書目―」(「朝鮮学報」
　　　　　　第9集)

＿＿＿＿(1964)「明治前期の朝鮮語学習書について―寶迫繁勝の業績を中心とし
　　　　　　て―」(『明治と朝鮮』)、櫻井義之先生還暦記念会

＿＿＿＿(1974)「日本人の朝鮮語学研究(一)~(二)」(「韓」第3巻第7号~第8号)

迫野虔徳(1998)「方言と文献批判―交隣須知の言語―」(『文献方言史研究』)、清文堂

佐藤亨(1986)『幕末・明治初期語彙の研究』、桜楓社

在釜山日本總領事館(1873)『朝鮮事務書』(20冊・23冊)、日本總領事館

申鉉竣(2003)『近代日本語における可能表現の動向に関する研究』、絢文社

塩沢和子(1981)「現代口語文法の成立」(『講座日本語学3　現代文法との史的対照』)、
　　　　　　明治書院

柴田武(1990)「明治の＜国語＞づくりと標準語」(『ことば読本　方言と共通語』)、
　　　　　　河出書房新社

進藤咲子(1988)『明治時代語の研究―語彙と文章―』、明治書院

＿＿＿＿(2003)「明治のことば　明治の文化と言語」(「日本語学」第22巻13号)

＿＿＿＿(2004)「明治10~11年の新聞のことば―「郵便報知新聞」を資料として―」

（『近代語研究』第12集）、武蔵野書院

末松保和編(1970)『朝鮮研究文献目録単行書編』、東京大学東洋文化研究所付属東
　　　　洋学文献センター

杉本つとむ(1967)『近代日本語の新研究』、桜楓社

＿＿＿＿＿(1985)『日本英語文化史資料』、八坂書房

＿＿＿＿＿(1989)『西洋人の日本語発見』、創拓社

鈴木英夫(1972)「『安愚楽鍋』にみられる漢語とその表記について」(「共立女子大
　　　　学短大部紀要」第15巻)

＿＿＿＿(1977)「新聞の見出しの近代化」(松村教授還暦記念『国語学と国語史』)、
　　　　明治書院

＿＿＿＿(1995)「明治期以降の推量表現の推移－「でしょう」を中心に」(築島裕博
　　　　士古稀記念『国語学論集』)、汲古書院

惣郷正明(1988)『日本語開花物語』、朝日新聞社

園田尚弘・若木太一(2004)『辞書遊歩－長崎で辞書を読む』、九州大学出版会

園田博文(1997)「明治初期中国語会話書の日本語－『亜細亜言語集』『総訳亜細亜言
　　　　語集』を中心に－」(「文芸研究」第144集)

＿＿＿＿(2000)「日本語教科書に見られる形容詞丁寧表現－明治6~8年刊日本語会
　　　　話篇8種を資料として－」(『語から文章へ』)、語から文章へ編集
　　　　委員会

成玧妸(2005)「『交隣須知』の日本語の方言性について」(「日本語学論集」創刊号)

＿＿＿＿(2006)「『交隣須知』にみられる語法の変化」(「国語と国文学」第83巻12号)

＿＿＿＿(2007)「近代日本語資料としての『日韓通話』」(「日本語学論集」第3号)

＿＿＿＿(2008a)「近代日本語資料としての『日韓韓日新会話』」(「日本語学論集」第4号)

＿＿＿＿(2008b)「[研究ノート]日本語資料としての朝鮮語会話書明治前期」(「日本
　　　　語の研究」第4巻2号)

＿＿＿＿(2008c)「明治期における『独習新案日韓対話』」(『近代語研究』第14集)、武
　　　　蔵野書院

＿＿＿＿(2009)「明治前期における朝鮮語会話書の特徴とその日本語」(『日本文化研
　　　　究』第31輯)

成玧妸(2010a)「明治後期における朝鮮語会話書の特徴とその日本語」(『日本学研究』第29輯)

＿＿＿(2010b)「形容詞のウ音便 －『交隣須知』の明治刊本を中心として-」(『日語日文学研究』第74集1号)

高橋敬一・不破浩子・若木太一(2005)『和泉索引叢書50「交隣須知」本文及び索引』、和泉書院

滝浦真人(2005)『日本の敬語論』、大修館書店

田島優(2003)「明治のことば 明治時代の漢語」(「日本語学」第22巻13号)

舘野哲(2005)『36人の日本人 韓国・朝鮮へのまなざし』、明石書店

田中章夫(1957)「近代東京語命令表現の通時的考察」(「国語と国文学」第34巻5号)

＿＿＿＿(2001)『近代日本語の文法と表現』、明治書院

＿＿＿＿(2002)『近代日本語の語彙と語法』、東京堂出版

崔彰完(1994)「『交隣須知』에 나오는補助動詞ゴザル에 대하여 －韓・日両国語比較를 中心으로」(『人文科学栄術文化研究』第16集)、大丘大学校人文科学芸術文化研究所

朝鮮語研究会(1925)「月刊雑誌朝鮮語」第3号、朝鮮語研究会

朝鮮総督府(1920)『朝鮮語辞典』、朝鮮総督府

＿＿＿＿＿(1923)『朝鮮に於ける内地人』、朝鮮総督府

辻星児(1997)「『捷解新語』にみられる文法意識―対訳朝鮮語の配置を通して」(『日本語と朝鮮語下』、くろしお出版)

＿＿＿＿(1986)「朝鮮語史における日本資料」(大阪大学「日本学報」第5号)

辻村敏樹(1968)『敬語の史的研究』、東京堂出版

＿＿＿＿(1992)『敬語論考』、明治書院

土屋信一(1966)「雑誌『太陽』(明治28－昭和3)に見る表記の変遷」(「言語生活」第182号)

＿＿＿＿(2004)「雑誌記事の言文一致―明治二十八年『太陽』の場合―」(『国語論究第11集 言文一致運動』)、明治書院

寺川喜四男(1945)『大東亜諸言語と日本語』、大雅堂

東京外国語大学百年誌編纂委員会編(1997)『東京外国語大学沿革略史』

遠山茂樹(1975)『日本近代史』、岩波書店

徳川宗賢(1996)「日本語の近代」(大阪大学「日本学報」第15号)

中尾比早子(2003)「明治・大正期における程度副詞「非常に」について」(『名古屋・
　　　　　　　ことばのつどい　言語科学論集』)、名古屋大学大学院文学研究科

中村通夫(1948)『東京語の性格』、川田書房

＿＿＿＿(1971)「軍隊の言葉・用語」(「現代共通語の性格(1)「中央大学文学部文学科
　　　　　　　紀要」第28号)

中村完(1969)「日本語社会における朝鮮学への構想に関する一試論」(「天理大学学
　　　　　　　報(人文学会誌)」第61集)

永野賢(1948)「会話文の言語的様相」(「国語と国文学」第25巻9号)

南相瓔(1991)「日本人の韓国語学習－朝鮮植民地化過程に焦点をあてて－」(「教育
　　　　　　　学研究」第58巻第2号)

幣原坦(1904)「『校訂交隣須知』の新刊」(「史学雑誌」第15編第12号)

野地潤家(1972)　「明治三〇年代の話しことばの教育－明治三四年(1901)を中心に－」
　　　　　　　(真下三郎先生退官記念論文集『近世・近代のことばと文学』)、第
　　　　　　　一学習社

野村雅昭(1995)「句読法の歴史－明治期を中心に」(『活字の歴史と技術』)樹立社

浜田敦(1967)「交隣須知の解題」(『異本隣語大方・交隣須知』)、京都大学文学部国
　　　　　　　語学国文学研究室編

＿＿＿＿(1970)『朝鮮資料による日本語研究』、岩波書店

＿＿＿＿(1971)「児学編・日語類解・韓語初歩解題」(『児学編・日語類解・韓語初歩』
　　　　　　　京都大学文学部国語学国文学研究室編)

＿＿＿＿(1983)『続朝鮮語資料による日本語研究』、臨川書店

浜田敦・井手至・塚原鉄雄(1991)『国語副詞の史的研究』、新典社

原口裕(1971)「『ノデ』の定着」(「静岡女子大学国文研究」第4号)

＿＿＿＿(1992)「『英和俗語辞典』に見る近代語法」(「武蔵野文学」第39号)

原田敬一(2007)『日清・日露戦争』、岩波書店

林巨樹(1980)「古い言葉・新しい言葉」(「武蔵野文学」第27号)

東アジア近代史学会(2008)『日露戦争と東アジア世界』、ゆまに書房

飛田良文(1987)「国語はこんなに変わってきた」(「科学朝日」4)

_____(1992)『東京語成立史の研究』、東京堂出版

飛田良文(1995)「句読法の歴史—明治期を中心に」(『活字の歴史と技術』)、樹立社

檜山幸夫(2001)『近代日本の形成と日清戦争』、雄山閣出版

福島邦道(1968)「交隣須知の増補本について」(「言語と文芸」第57号)

_____(1969)「新出の隣語大方および交隣須知について」(「国語国文」第38巻第12号)

_____(1969)「『交隣須知』の初刊本」(「実践国文学」第34号)

_____(1969)「朝鮮語学習書による国語史研究」(「国語学」第76輯)

福島邦道・岡上登喜男(1990)『明治14年版交隣須知　本文及び総索引』、笠間書院

_____(1969)「朝鮮語学習書による国語史研究」(「国語学」第76集)

_____(1991)「雨森芳洲と『交隣須知』」(「実践国文学」第39号)

藤波義貫(1926)「二三十年前を顧みて(四)」(「月刊雑誌朝鮮語」第4号)

藤本幸夫・李基文(1975)『韓国語の歴史』、大修館書店

不破浩子(1997)「武藤文庫蔵『交隣須知』について」(「長崎大学教養部紀要(人文科学編)」第37巻第3号)

片茂鎮(1991)「『交隣須知』の筆者本と刊行本の日本語について(「活用」篇)」(『辞書・外国資料による日本語研究』、和泉書院)

_____(1999)『明治14年版釜山図書館所蔵　交隣須知解題・本文(影印)』、弘文閣

片茂鎮・韓世真・金真瓊編(2005)「『独習日正則』－解題・索引・研究・原文―」、ブリ文化

古田東朔(1982)「現代の文法」(『講座国語史4　文法史』明治書院)

フランシス・バーネット著、若松賤子(1891)『名著複刻全集　小公子』、日本近代文学館

前田富祺(1992)「漢語資料としての明治前期小型辞書」(『国語語彙史の研究』第12集)、和泉書院

増井典夫(1988)「江戸語における形容詞『いかい』とその衰退について」(「国語学研究」第28号)

松井栄一(1977)「近代口語文における程度副詞の消長」(松村明教授還暦記念『国語学と国語史』)、明治書院

　　　　　(1993)「明治時代語探求の一つの試み」(松村先生喜寿記念『国語研究』)、
　　　　　明治書院

松下大三郎(1901)『日本俗語文典』、誠之堂

松田晋斎(1892)『中等応用会話(INTERMEDIATE LESSONS IN CONVERSATION)』、
　　　　　ミューゼアム会

松原孝俊・趙真璟(1997)「厳原語学所と釜山語学所の沿革をめぐって」(「言語文化
　　　　　論究」第8号)

松村明(1951)「東京語の実態」(『国語学』Ⅶ)、刀江書院刊

　　　　(1970)『洋学資料と近代日本語の研究』、東京堂出版

　　　　(1998)『増補　江戸語東京語の研究』、東京堂出版

　　　　(1999)「明治初年における曜日の呼称」(『近代語研究』第10集)、武蔵野書院

水野雅央(1991)『標準語の現在』、葦書房

宮地幸一(1977)　「『~まする』から『~ます』への漸移相─笑話・小咄・黄表紙章の考
　　　　　察」(「國學院雑誌」第78巻11号)

宮地裕(2008)「『敬語の指針』を考える」(「日本語学」第27巻第7号)

宮島達夫(1998)　「わすれられた文法書『動詞教授資料』」(東京大学国語研究室百周
　　　　　年記念『国語研究論集』)、汲古書院

村山昌俊(2000)「近代の外国資料」(「日本語学」第19巻第11号)

　　　　　(2003)『明治時代語論考』、おうふう

森岡健二(2005)「日本語会話文典」(佐藤喜代治博士追悼論集『日本語学の蓄積と展
　　　　　望』)、明治書院

諸星美智直(2006)「宏文学院教授菊池金正と日本語教科書『漢訳学校会話篇』」(「國
　　　　　学院雑誌」第107巻4号)

　　　　　　(2007)「明治期における日本語学習辞典としての難波常雄編『日本読書
　　　　　作文辞典』」(『国語語彙史の研究』第26集)、和泉書院

安田章(1963)『隣語大方解題』(『隣語大方本文解題訳文索引』)、京都大學国文学会

　　　　(1973)「重刊改修捷解新語解題」(『三本対照捷解新語 釈文・索引・解題篇』)、
　　　　　京都大學国文学会

　　　　(1980)『朝鮮資料と中世国語』、笠間書院

安田敏朗(1997)『帝国日本の言語編制』、世織書房

＿＿＿＿(1999)『＜国語＞と＜方言＞のあいだ－言語構築の政治学－』、人文書院

＿＿＿＿(2006)『「国語」の近代史　帝国日本語国語学者たち』、中央公論新社

矢島正浩(1986)「近松世話浄瑠璃における形容詞連用形のウ音便化について」(「国語学」147集)

屋名池誠(2004)「明治語の表記」(「日本語学」第23巻第12号)

山田寛人(2004)『植民地朝鮮における朝鮮語奨励政策』、不二出版

＿＿＿＿(2007)「日清・日露戦争と朝鮮語ブーム」(『植民地言語教育の虚実』)、皓星社

山本七平(1973)「日本陸軍のことば」(「言語生活」第262号)

山本正秀(1981)「若松賤子の翻訳小説言文一致の史的意義」(「専修国文」第14号)

柳尚熙(1980)『江戸時代と明治時代の日本における朝鮮語の研究』、成甲書房

湯沢幸吉郎(1954)『増補江戸言葉の研究』、明治書院

吉井量人(1977)「近代東京語彙因果関係表現の通時的考察－「から」「ので」を中心として」(「国語学」110集)

吉岡英幸(2000)「明治期の日本語教材」(木村宗男先生米寿記念論集『日本語教育史論考』)、凡人社

吉川泰雄(1977)「助動詞『です』の発達について」(『近代語誌』)、角川書店

吉野誠(1990)「明治期日本語朝鮮語会話入門書について」(「朝鮮語教育研究」第4号)

早稲田大学史編集所(1978-1997)『早稲田大学百年史』、早稲田大学出版部

渡瀬常吉(1913)『朝鮮教化の急務』、警醒社書店

渡部学(1973)　「韓国教育における二言語主義－日語の特殊歴史相のもつ重層構造－」(「韓」第2巻第9号)

Alcock, R.(1863) "Familiar Dialogues in Japanese with English and French Translation for the Use of Student"Paris&London, GANESHA PUBLISHING

Brown, S.R.(1863) "Colloquial Japanese of Conversational sentences and Dialogues in English and Japanese"Shanghai, GANESHA PUBLISHING

Brown, S.R.(1884) "Prendergast`s Mastery System Adapted to the Study of the Japanese or English"Yokohama, GANESHA PUBLISHING

本書の構成について

　本書は2008年度日本国東京大学人文社会系日本文化研究専攻日本語日本文学専門分野の博士学位論文に修正・加筆を行ったもので、各章は以下のようにシンポジウムおよび学術誌に発表または掲載したものを基にしている。その詳細を次に示す。

第1章　朝鮮語会話書の特徴と変遷【明治前期】

　[研究ノート]「日本語資料としての朝鮮語会話書明治前期」、日本語学会『日本語の研究』、第4巻2号(『国語学』通巻233号)、2008年4月「明治後期における朝鮮語会話書の特徴とその日本語』『日本学研究』第29輯 2010年1月「日清戦争に使用された朝鮮語会話書―そのと日本語の様相―」、『日本語学論集』4、pp.61~68、2009年3月

第2章　朝鮮語会話書の特徴とその日本語　【明治後期】

　「明治後期における朝鮮語会話書の特徴とその日本語」、『日本学研究』第29集、pp.　365~384、2010年1月

第3章　『交隣須知』にみられる語法の変化

「『交隣須知』諸本にみられる日本語の変遷」、東京大学国語国文学会シンポジウム、2003年11月1日、口頭発表

「『交隣須知』にみられる語法の変化」、『国語と国文学』第83巻12号、pp.58~71、2006年12月

第4章　『日韓通話』の特徴とその日本語

「近代日本語資料としての『日韓通話』」、東京大学大学院人文社会系研究科国語研究室『日本語学論集』、第三号、pp.1~18、2007年3月

第5章　『日韓韓日新会話』考

「近代日本語資料としての『日韓韓日会話』、東京大学大学院人文社会系研究科国語研究室『日本語学論集』、第四号、pp.98~118、2008年3月

第6章　近代日本語資料としての『独習新案日韓対話』

「明治期における会話書『独習新案日韓対話』」、近代語学会『近代語研究』第十四集、武蔵野書院、pp.291~306、2008年11月

〈한글 요지〉

근대일본어자료로서의 조선어회화서
- 메이지기 조선어회화서의 특징과 일본어-

　　근대 일본어 자료는 그 양이 막대해 개척해야 할 연구 분야가 많다. 근대 일본어자료 중 메이지기 영어회화서에 대한 연구는 상당히 많은 성과를 올리고 있지만, 조선어회화서에 대해서는 거의 연구가 이루어지지 않고 있다고 해도 과언이 아니다. 메이지시대의 조선어 회화서는 19세기에서 20세기에 걸쳐 근대어가 확립하는 시기의 조선어와 일본어 양국의 언어를 연구할 수 있는 자료이며, 양국의 당시의 언어 양상은 물론 근대어의 성립과 발전과정을 볼 수 있는 귀중한 자료이다.

　　그럼에도 불구하고 메이지시대의 조선어 회화서는 그 자체가 학계에 알려져 있지 않았기 때문에 조사 및 연구가 종합적으로 이루어지지 않았다. 본 논문은 조선어회화서를 근대 일본어 자료로서 다루기 위해 일본 및 한국의 각 대학, 각 지역의 도서관에서 직접 조사, 검토한 자료의 목록과 서지 등에 대한 검토를 실시해 그 개요, 구성, 표기, 편찬의 목적, 시대적인 배경과의 연관 관계, 경향의 변화, 내용 등에 대해 고찰하고, 이들 자료를 토대로 그 일본어의 양상과 변화에 대한 연구를 한 것이다.

본 저서는 본 저서는 2008년도 일본 도쿄대 대학원 인문사회계연구과 박사논문『근대일본어자료로서 조선어회화서―메이지기조선어외화서의 특징과 그 일본어』(近代日本語資料としての朝鮮語会話書―明治期朝鮮語会話書の特徴とその日本語―) 중 제1부 총론편「근대 일본어자료로 활용하기 위하여」, 제2부 각론편「조선어회화서와 일본어연구」, 제3부 자료편 중 1, 2부를 수정・가필한 것이다.

제1부에서는 일본각지의 도서관과 한국 도선관등에 소장되어 있는 원본을 확인한 것을 바탕으로「조선어회화서목록」으로 제시했다. 메이지 10년대 6점, 20년대 21점, 30년대 34점, 40년대 13점로 총 74점에 대한 출판사항(제목, 출판연월일, 편저자, 출판지, 발행자, 소장장소) 등의 서지 정보를 일람할 수 있다. 그 안에는 지금까지 소개되지 않은 새로운 발굴자료도 포함되어 있어 그 의의는 크다고 말할 수 있다. 또한 조선어 회화서의 내용, 구성상의 특징은 물론, 시대적인 배경, 추이도 함께 고찰을 해 전체상을 한 눈에 파악할 수 있도록 했다.

제2부 각론에서는 메이지 시대에 널리 사용된 대표적인 조선어 회화서를 골라 개요는 물론, 저자에 대한 상세한 정보, 시대적 추이, 그리고 일본어의 성격과 언어 의식 등 근대어 자료로서의 활용 방법을 제시하고 있다.

본 연구논문들에서는 조선어회화서가 조선어와 일본어가 동시에 기록되어 있다는 특징을 이용하여 현대어 어휘의 의미용법과는 다른 의미용법이 존재하는 어휘에 대한 검토를 했다. 또한, 조선 특유의 한자음과 일본어의 한글 표기를 이용해 한자음 연구 자료, 음운 연구 자료로서의 활용가치와 양국의 음운 차이에 대해 논했으며, 각각의 자료에 나타나는 경어, 의무, 가능, 명령 표현 등의 다양한 어법의 정밀한 분석을 통해 각 자료의 일본어가 시대의 변화와 함께 변화를 보이며, 그 변화는 대우 표현의 발달, 형태의 단순화, 간소화 경향과 함께 새로운 신분 사회에서 보다 원활하고 효과적인 커뮤니케이션을 위한 필연적인 결과라는 사실을 검증했다.

　본 연구는 지금까지 발굴되지 않았던 조선어 회화서의 발굴하여 일본어 자료로 뿐만 아니라 한국어 및 한국어교육 연구의 다양한 활용 가능성을 제시함으로써 새로운 연구영역의 토대를 개척했다는 데 커다란 의의를 둘 수 있다.

〈Abstract〉

Korean Phrase Books as Modern Japanese Language Materials

- The Characteristics of Korean Phrase Books and the Japanese Language during the Meiji Period

There is too much material on Modern Japanese to explore various field of study. First of all, there has been quite a lot of research done on English Phrase books during the Meiji Period, but very little research has been done on Korean conversation text books as Modern Japanese materials. Korean Phrase Books during the Meiji Period may be one of materials in the study of both Japanese and Korean language from the 19th century throughout the 20th century at the time the Modern Japanese was established. Furthermore, it may be valuable materials to show the status of the two languages during the period and the establishment and development of the Modern Japanese.

Notwithstanding, very little known is among scholars about Korean

Phrase Books during the Meiji Period so that there has been too little prior study or research on it. This thesis is intended to use Korean Phrase Books as Modern Japanese materials. For the purpose, a lot of materials are searched and collected from many universities and libraries throughout Japan and libraries located in Korea. The thesis describes review and survey of each material according to summary, construction, script, purpose of publication, its relationship to historical background, change of tendency or contents, and provides diverse and in-depth study on the development of the Japanese.

The thesis is comprised of three chapters: the first chapter "Summary: Use of Modern Japanese Language Materials", the second chapter "Main Contents: Study on Korean Phrase Books and the Japanese Language" and the third chapter "Reference: Summary and Characteristics of Korean Phrase Books during the Meiji Period"

The first chapter provides a 「list of Korean Conversation Text Books」 based on the original materials kept or possessed by libraries throughout Japan and Korea. The list comprises a total of 74 pieces which show 6 pieces from the first ten years of the Meiji Period, 21 pieces from the second ten years of the Meiji Period, 34 pieces from the third ten years of the Meiji Period and 13 pieces from the fourth ten years of the Meiji Period. The publication particulars such as title, publication date, compiler, publication place, publisher or place where the material is located, are also indicated in the chapter. Among them, there are new materials which have never been disclosed until today, brining great value and significance. Additionally, a review on contents and characteristics of construction of Korean Phrase Books together with their historical background and tendency has been done to figure out overall aspect thereof.

The second chapter provides another new method for using the materials in the study of Modern Japanese language by reviewing summary, detailed information on authors, historical tendency on some representative Korean Phrase Books used widely in the Meiji Period and the characteristics and consciousness of Japanese language. Particularly, the fact that those materials indicate Korean and Japanese together simultaneously provides another review of words which existed in the past but used differently from that of Modern Japanese. Also, a review has been done on materials for study on Chinese characters by using the specific Chinese characters of Korean language and the Japanese translated Hangul. Also, a discussion has been done on the use and value of phonological investigation and on the phonological difference between the two states. Furthermore, a more precise analysis of various language structures used in such as polite, deontic, feasible or mandatory expressions shows that the Japanese appearing on the materials was changing with the times and that such change proves itself as an inevitable results for a smoother and more effective communication in the new class society, along with the development of expressions used when dealing with people, a simplified morphologic system and a tendency toward simplification.

This study discovers Korean Phrase Books which have never been disclosed until today and presents various possibilities for using the books as materials in the study of Korean language as well as Japanese language, thus pioneering new fields of research.

〈저자약력〉

성윤아(成玧婀)

상명대학교 교육대학원(일어교육 전공) 조교수로 재직하고 있으며, 일본 도쿄대학 인문사회계에서 일본어학을 전공하고 석사 및 박사 학위를 받았다. 저서로는 『역사로 풀어보는 일본 - 일본어 일본문학 일본문화』(제이앤씨, 2010), 『일본어작문 무작정따라하기』(길벗이지톡, 2011), 『시험에 나오는 것만 공부한다 JLPT 1급 독해』(길벗이지톡, 2011), 『일본어능력시험 실전모의고사 시즌2 N1』(길벗이지톡, 2013) 등이 있고, 역서로는 『언어와 문화를 잇는 일본어교육』(공역, 시사일본어사, 2012), 『자신의 사고 정리법』(세경북스, 1997), 『플러스미팅테크닉』(세경북스, 1997), 『두뇌혁명』(세경북스, 1997), 『자기계발학습법』(세경북스, 1998), 『과학기술 입국의 길』(한국경제신문사, 1998), 『돈 버는 모바일 아이폰 앱스토어』(랜덤하우스코리아, 2009) 등이 있다.

近代朝鮮語会話書に関する研究
－明治期朝鮮語会話書の特徴と近代日本語の様相－

초판인쇄 2014년 10월 02일
초판발행 2014년 10월 15일

저   자 성윤아(成玧妸)
발 행 인 윤석현
발 행 처 제이앤씨
등록번호 제7-220호
책임편집 이신·김선은

우편주소 서울시 도봉구 우이천로 353 성주빌딩 3F
대표전화 (02) 992-3253(대)
전   송 (02) 991-1285
홈페이지 www.jncbms.co.kr
전자우편 jncbook@hanmail.net

ISBN 978-89-5668-398-0 93730   정가 19,000원